MIND心研社图书

为 心 灵 提 供 盔 甲 和 武 器

爱得更多。爱得更好。爱得糟糕。但是要爱。

让潜在的快乐、创造性和幸福绽放，让自己发光，照亮周围。

阅读愉快！

——拉斐尔·吉奥尔达诺

Le jour où les lions mangeront de la salade verte

狮子吃素的那一天

如何搞定强势的人

〔法〕拉斐尔·吉奥尔达诺—————著
（Raphaëlle Giordano）

秦怡然—————译

北京联合出版公司
Beijing United Publishing Co.,Ltd.

图书在版编目（CIP）数据

狮子吃素的那一天：如何搞定强势的人／（法）拉斐尔·吉奥尔达诺著；秦怡然译. -- 北京：北京联合出版公司，2019.6（2019.9重印）
ISBN 978-7-5596-2859-6

Ⅰ.①狮… Ⅱ.①拉… ②秦… Ⅲ.①心理交往—通俗读物 Ⅳ.① C912.11-49

中国版本图书馆CIP数据核字（2018）第295390号

Original French title: Le jour où les lions mangeront de la salade verte
©2017 Groupe Eyrolles, Paris, France
Simplified Chinese edition arranged through Dakai Agency Limited

狮子吃素的那一天：如何搞定强势的人

作　　者：（法）拉斐尔·吉奥尔达诺
译　　者：秦怡然
图书策划：耿璟宗
责任编辑：张　萌
特约编辑：刘广生
特约统筹：高继书
装帧设计：仙境设计

北京联合出版公司出版
（北京市西城区德外大街83号楼9层 100088）
北京联合天畅文化传播公司发行
北京美图印务有限公司印刷 新华书店经销
字数 215 千字 880 毫米 ×1230 毫米 1/32 10 印张
2019 年 6 月第 1 版 2019 年 9 月第 2 次印刷
ISBN 978-7-5596-2859-6
定价：48.00 元

自序

—

让强势的人，以你喜欢的方式对待你

和强势的人打交道是一种怎样的体验？

有个女孩曾和我抱怨过她那个让人糟心的父亲：

他急躁、易怒、从不妥协！

他永远都要当主角，要是谁胆敢忽略他，他就会弄出各种噪音，把门和壁橱弄得砰砰响，宣誓他的存在感！

他粗鲁无礼，能把脏话骂得花样翻新，清新脱俗，直到被骂的一方举手投降！

他有路怒症，经常因为开车而跟别人干仗！

他永远正确，从来不知道什么是讲道理，永远要求别人无条件赞同他，否则他就大吼大叫，没完没了！

他像封建时期的大老爷一样统治着全家……

没错，她有一个十分强势的父亲。按我的说法，他的父亲属于"雄性症状"过分明显。

多年的经验告诉我，强势的人对尊重别人感受这件事通常都比较陌生。他们傲慢、霸道、固执，以自我为中心，经常伤害了别人还不自知，甚至知道了也毫无悔意。

我把这类人称为"狮子"，他们是性格过分强势的人。无论他们有没有真正的权威、财富或智慧，他们都会拿出一副主子的态度来对待别人——不耐烦、妄下结论、横加批评、不愿倾听、缺乏同理心和善意、总是以为自己很重要、毫无幽默感。这类人在我们身边比比皆是，比如言辞恶毒的丈夫、刚愎自用的领导、强硬的父亲或母亲，甚至素不相识却粗鲁无礼的司机……

当然，也会有一些素质比较高的"狮子"，他们通常会表现得比较温和，但他们温和的背后藏着不可忤逆的意志。他们会温文尔雅地对你软硬兼施，直到你完全遵从他们的意愿行事。

基本上，在一个强势的人面前，无论你和他是什么关系，你都会感觉自己像个奴才。

不幸的是，在我们的人生中，又总是难免要和这样的人打交道，那么，怎样才能让强势的人用你喜欢的方式和你交流呢？我为此研发了一套"去雄性症状"心理课程，主要目的是为了帮助人们认清强势型人群的心理结构和内在动机，然后对症下药，借助一些实用的小技巧来改变强势者与人交流的方式，使他们从凶猛的"狮子"，变成懂得平等交流的"吃素的狮子"。经过多年的实践，这套课程越来越完善，效果非常好。

这次我把这套课程写进一个故事里，就有了我们这本《当狮子吃素的那一天》。写这本书的初衷，是想让我亲爱的读者也能轻松地学会这套课程，从中受益。在这个有趣的心理故事中，你可以看到主人公心理成长专家罗曼·加纳德如何与一群强势的"狮子"相处，如何一步步走进他们的内心世界，如何触碰他们内心柔软的部分，使他们慢慢学会吃素。

在西方文化里，"狮子吃素"的典故，最早出自《以赛亚书》："牛必与熊同食，牛犊必与小熊同卧，狮子必吃草与牛一样。"它描绘了完美新世界里的一个美好画面。我借用这个典故，是想告诉大家，改变一个强势的人是完全有可能的。一个人表现得越强势，内心就越会有一块非常柔软的地方。只要方法得当，你就一定能穿透强势者坚硬的铠甲，看见他内心的脆弱，对症下药，恰当地安抚这种脆弱，他们就一定会以你喜欢的方式对待你。

——拉斐尔·吉奥尔达诺

contents
目　录

1

———

强势的人无处不在

很多人没有霸道总裁的本事，却有霸道总裁的脾气，包括女人。

鲜血喷涌而出，溅在斗牛场的沙地上，就像杰克逊·波洛克①甩在画布上的一串油彩。在这幅鲜活的画作中间，一头健硕如山的黝黑公牛颓然倒地。斗牛这一自我标榜为艺术的竞技项目，引来密密麻麻的看客，将观众席挤得水泄不通，一双双贪婪的眼睛似乎要把这病态而迷人的场景当作仙酿一饮而尽……

这个庞然大物在滚烫的沙地上挣扎。蹄子抓挠着地面，好像恶魔挥动着三叉戟，它雄性的力量无可奈何地诠释着肆虐的恶……在它面前，一个男人穿着太阳般亮眼的衣服，他的罪恶早

———

① 杰克逊·波洛克（Jackson Pollock，1912–1956），美国画家，抽象表现主义绘画大师，擅长"滴画法"。

已被观众宽恕，因为他们事先已被征服。这是一场雄性之间的决斗。现在，雄性的骄傲被投枪猛然刺中，兽和人的鼻孔因同样的征服渴望而翼动。斗牛士耀武扬威地挥舞着红色的旗子，像一道挑衅的笔触亮晃晃地刺痛眼睛。场内突然卷起一阵旋风。

只见那头畜牲以令人意想不到的速度跳起来，刹那间天旋地转。人和兽的身体都看不清了，变成了毕加索的《格尔尼卡》里支离破碎的画块。彻底的惊愕！斗牛士在腾起的尘土里乱滚，躲避攻击。公牛突然不再转圈，转而纵身一跃发起冲锋，两个威严的性腺剧烈地摇晃着，那是雄性气概的贡品亦是负担……斗牛士进出的怒吼和那畜牲凄切嘶哑的喘息声混在一起。吼叫的嘴越张越大，直到变成一个恐怖的黑洞，仿佛要将一切都吸进死亡的虚空。

罗曼猛地惊醒。额头上渗出大颗的汗珠。这不是她第一次做这种梦了。

这是怯场，她伸展着酸痛的四肢，对自己说。每次重要的公开讲座之前，她都会做这个噩梦。手机又发出刺耳的铃声。她咕哝着，用紧张得微微颤抖的手指滑过手机屏幕，结束了噪音的折磨。

下午两点半了，这种时候，时间总是有条不紊地无情溜走，没时间了。罗曼跳下床，敏捷地用手抹去脸上小睡的痕迹。她快速地把长长的棕色鬈发松松地盘起，随手抓了一支铅笔当作压发梳。她走进浴室的时候，便衣顺从地落在了脚边。莲蓬头很高兴看到这副30岁左右、凹凸有致、曲线流畅、健康美丽的身体，如果它通人性应该会脸红吧。

冲过澡，罗曼把自己裹在一条大大的浴巾里，用手掌快速擦掉镜子上的水汽。

今天我很高兴来和大家分享一个我很感兴趣且与每个人的生活息息相关的话题：日常生活中的雄性症状！

雄性症状……这是她为生活中一系列恼人行为所取的名称，这种行为几乎每人每天都会遇到，无论在办公室还是在家里，或是其他任何地方。司机或客户无端冲你发火，上级在人前批评你，配偶毫不体贴……雄性症状的例子简直不胜枚举！

所有这些常见表现中，不同个体雄性症状出现的程度不同：自我膨胀（伴随着自我中心主义……）、本能的统治意识和多少有些夸张的高人一等的感觉，还有天生喜爱权力游戏和较劲。雄性症状还包括经常性地轻微伤害别人的感情（缺乏体贴、拒绝倾听、斤斤计较）、一种不知所以的挑衅倾向，还有一种行为非常不幸地成了普遍现象，那就是即使面对好意也疑神疑鬼。妄作批评的行为也司空见惯，这样的判断有"三不"的特点——不公正、不求证、不恰当，妄下断语的人有时甚至会抑制不住地想要施加压力或强词夺理……总而言之，雄性症状无处不在。

罗曼很早就认定，自己的天职就是竭尽所能减少雄性症状！为此，她主要做了三方面的工作：帮助雄性症状的受害者对抗类似的行为；帮助人们意识到自己身上的雄性行为倾向，以及教那些希望做出改变的人如何有效地减少雄性行为，并见证他们的改变，她相信这会给他们带来身心的巨大改观。罗曼的目的很简单，那就是消灭那些会给周围的人带来不良影响的雄性怪癖，使人与人之间的关系更加和谐。

今天的讲座将有媒体到场，所以她期望很高，希望借此让自己为之奋斗的事业更上一层楼。她的"Q势"公司也很可能从中受益。

罗曼在镜子前边化妆边反复背诵演讲稿，好让心情平静一些。她讨厌浮夸，因此她专门向行家里手讨教过如何画出自然又出众的妆容……她从父亲那里遗传了立陶宛人水绿色的眼睛，从母亲那里继承了威尼斯人的优雅精致。这样的文化碰撞在罗曼身上表现为不可救药的二元性——她有时热情张扬，有时腼腆羞涩，有时狂放不羁，有时八面玲珑，有时温婉可人，有时翻脸无情。这样复杂的性格可不是短时间内能看清楚的。皮特·加德纳就深受其害，他们的婚姻维持不到两年就以失败告终。这段婚姻对罗曼来说只剩一个姓氏[①]，从那时起，她就放逐了感情生活，全身心地扑在事业上。

下午三点。穿衣服的时候她感到腹内空空，于是打开冰箱，里面简直像空旷的戈壁滩。虽然不情不愿，但她只能去街角的快餐店打发一下肚子……饿肚子的时候，状态也不会好。

一条胳膊下夹着包，一只手用钥匙锁门，她大概是用背上长出来的第三只手接了电话：

"爸爸？是的，不，我现在没空和你讲话，我马上就到。当然不会迟到……媒体已经到了？你把所有人都召集起来了？完美。行，我要挂了。嗯，我也是……吻你。"

她的父亲。他们变得如此亲密……换作以前，让人怎么相信呢？他原来可是每一个毛孔都透着雄性症状……现在，他像变了一个人似的，比任何一个人都更全身心地投入到公司的事务中，

---

① 虽然离婚了，但罗曼的全名依然是"罗曼·加德纳"。

和罗曼并肩作战。这个年轻姑娘很高兴讲座的时候有父亲在旁边支持她。的确，几个月来，她非常依赖父亲。从她一年半前离婚开始，父亲就是她生活的支柱。父亲的出席会帮助她战胜胆怯。想到这里，罗曼长出了一口气。这时快餐店也到了，她走了进去。幸好，这时人不多。

"不，谢谢，不要放番茄酱，请再给我一瓶矿泉水。"

罗曼拿了一根吸管，把矿泉水平放在托盘上，免得掉下去，然后找了个安静的角落坐下，但是很快，一伙年轻人占了她旁边的座位。

他们干吗非得这样说话？声音粗重得像他们油腻的汉堡。尤其是女孩儿。过早出现了雄性症状，罗曼这样想着，感到又好笑又生气。

"不，嘿！你妈妈的，迪伦，说真话行不？真蛋疼。"

这些女孩身上出现了变体雄性症状。为了适应环境，她们觉得自己必须复制身边男性的行为，把自己变成有胸的男性。可悲。显然，雄性症状正在攻城略地，罗曼还有很多事情要做……然而，她没有试图纠正这些孩子。现在她可没有时间当"从雄性症状的魔爪下拯救无辜市民的穿短裤的蜘蛛侠"。

她风一般地钻进出租车。

"去综合理工大学，谢谢！"

司机二话不说就是一脚油门。巴黎的景物在飞快后撤，露出了雄性症状的本来面目，最有代表性的要数埃菲尔铁塔了，直截了当、不知羞耻地以阴茎的形态立在那里。她以钢铁之躯居高临下地傲视巴黎，不可一世地与她的同胞——协和广场上的方尖碑比权量力……

　　出租车绕来绕去终于到达目的地，那里停着的两排车用喇叭奏着交响曲。

　　"不用找了。"罗曼微笑着，穿着黑丝袜的腿优雅地迈出车外。

　　父亲站在门口迎接她。大厅里挤满了人。罗曼感到心跳加速。

　　一切准备就绪，就等她这个主角了。支起来的话筒好像已经准备好要痛饮她的话。痛饮——这就是罗曼脑中一闪而过的念头，因为此时她正紧张得口干舌燥。像平常一样，她一害怕嗓子就会变得沙哑。小口喝水，她想起这是缓解紧张情绪的小窍门。不是人们在看你，是你在看着他们……别人看不出来你很紧张……罗曼不断念叨着这些话让自己平静下来。深吸一口气，绽出灿烂的笑容，她准备好了。

　　她对着话筒吹了一下，话筒顿时发出刺耳的响声，叛徒。第一排的男士挤眉弄眼，大笑出声："哈！女人和电器……"他肯定觉得自己很好笑吧，此时他正冲着罗曼露出油腻的微笑，还夸张地眨了一只眼，自作多情地觉得别人心领神会。

　　罗曼在心里默默地感谢这个男人，他让她更加肯定自己为之献身的事业是多么重要而艰巨……她暗下决心要撸起袖子大干一番。

2

雄性症状典型发作

虽然你有霸道总裁的本事，但你知道雄性症状吗？这是病，得治！

马西米兰·沃格是国际美妆集团的总经理，克莱芒丝已经为他工作了五年。在他手下干活总是累得像条狗，恨不得一天当七天用……但是她很适应这样的生活。"私人助理"等于左膀右臂。虽然总体上讲，更应该说是总经理的好几条胳膊——她的中间名可能是"湿婆"吧。但没关系，她喜欢这种离了自己地球就不转的感觉。对别人她可不会这样，但为了马西米兰，让她去爬喜马拉雅山都可以。她穿过公司走廊的时候面带微笑，迫不及待地要告诉他一个好消息——她刚刚得知他们拿到了一个大订单，马上可以签合同，这是美妆集团啃下来的硬骨头。她亲眼见证了马西米兰连轴转了好几个星期，情不自禁地对他不可思议的干练充满仰慕之情，他能够洞悉客户的心理，用最合适的办法吸引并说服他们……一旦瞄准哪个客户，他就会像凶猛的斗牛犬一样，死死缠住对方，再用他黑豹般的魅力使其屈服……她回想着自己陪他参加的晚宴，还有他们之间奇怪的默契。空无一人的办公室里安静祥和的氛围，与白天歇斯底里的躁动大相径庭，她细细体会着，享受这样独处的时刻……她没有丈夫和孩子，所以她总是把回家的时间尽量推迟。她的生活在这里，在这几面墙之间……如果可能的话，她希望尽可能地接近这个让她着迷的男人。有时，如果马西米兰·沃格觉得他们那天的活干得漂亮，就会请她喝一杯。他会从自己的私人收藏里面拿出一瓶波尔多名酒，然后两人一起小口啜饮。这时的他会换上一种很少有人有幸看到的神情！

想到这里，微笑浮上克莱芒丝的嘴角。她此时正穿过宽敞的等候室。她胜利女神般的神情没能逃过两个优秀接线员的眼睛，她们像给母后请安那样向克莱芒丝问了好。所有人都知道克莱芒丝对于沃格先生的分量，以及她特殊的地位。两个羡慕者不客气地上上下下打量着她，检视她的形象：高筒袜的缝纫一丝不苟，短裙出自某大牌商家，丝质衬衣正合她高贵大方的气质；金色的头发盘成一个考究的髻，黑色的眼线让她的蓝眼睛显得格外细长，唇上涂了大胆的艳红——经典好莱坞形象，活像一个希区柯克的女主角。她无疑是个美女，脸颊像发丝一样润滑，丝毫看不出她已经三十五岁了。

两个人坐在长沙发上等待。那是个经过精心设计的沙发，线条精致，充满现代感，还有著名设计师的签名，屋里的其他陈设都是这样。这样的审美追求可以让访客立刻感到公司不同凡响的格调。

"有人接待您吗？"她礼貌地问道。

"是的，谢谢。有人替我们通报了。"其中一位先生带着英语口音答道。

"很好，"克莱芒丝微笑着说，"我去看看沃格先生准备好没有。"

她走近马西米兰的办公室，突然钉在原地——激烈的争吵声像炸弹碎片穿门而过。显然，此时不宜敲门。克莱芒丝决定回到自己的办公室，那里和马西米兰的办公室只有一墙之隔……她关上门，放下帘子，保证自己处在一个绝对私密的空间，然后安心地把耳朵贴在墙上偷听那边的对话。

"让小心谨慎见鬼去吧！"老板的声音显得非常恼火。她没认出另一个声音，那个声音充满了怨愤。

"你知道你现在变成什么样了吗？"

"什么我变成什么样，嗯？你知不知道我有多少事情要处理，我肩上的担子有多重？"

"你，你，总是你！你是不是觉得自己是世界的中心！你有没有偶尔为别人考虑过哪怕是一点点？"

克莱芒丝在这边听着，被这样大胆的批评惊得抖了一下。沃格先生对这样刺耳的话会作何反应？她想象着接下来会发生的事，脸色发白，墙那边的言语交锋就像在甩巴掌。

"当然，你好好想想就会发现比你想象的要多得多……"他回答道，比克莱芒丝设想的要平静得多。

"你知道我此时正在经历什么吗？你知道这对我来说有多难吗？"女人的声音一字一顿地说，"我需要你陪在我身边！我给你打了十个电话，马西，结果呢？先生您被琐事缠身，没空纡尊降贵来给我回个电话？"

马西米兰·沃格厌倦地答道：

"我有一个公司要管，朱莉。不管你高兴与否，我没空，就像你一样……"

"哈，谢谢！谢谢你提醒我，我现在没活干……你觉得这很容易是不是？当模特很容易？时运不济，你认为这是我的错？"

那声音渐渐开始哽咽。

"说到底，朱莉，你知道的，只要你开口，我马上就可以给你找到工作，如果你需要的话……"

"天哪，马西！你知道的！我缺的不是区区一份工作……我需要的是认可！关注……说白了，是爱！"

"你没有得到爱吗？你确定你没有夸大其词？"

"哈！总是轻描淡写！你总是假装没意识到，你永远没空！你永远不在我身边，马西米兰。即使你人在，心也不在……我受不了了！"

"我心怎么不在了？"

"好吧，听着！上次我们一起吃饭的时候，你起身接了三个那——么重要的电话！剩下的时间里你每隔三分钟就看一次手机。我敢保证，我说三句话你能听到一句就不错了……"

克莱芒丝办公室的电话响了。虽然在这个节骨眼上被打断使她大为光火，但还是快速抓起了听筒，尽快打发了来电，然后回去接着偷听。

"……你太让我失望了，马西。我不喜欢现在的你……我丑话说在前头，如果你不做出一些改变，我们就不要见面了！"

"又开始放狠话……"

"对,就是狠话,马西!你不是很会讲话吗?但是现在,我需要看到行动。听见没有?行动!"

让克莱芒丝吃惊的是,马西米兰继续保持着镇定。女人的声音不依不饶,又抬高了一个八度。

"看,我给你带来了这个。我觉得你应该了解一下罗曼·加德纳的项目。你知道罗曼·加德纳吗?你听说过雄性症状吗?她在这篇文章里讲了像你这样的雄性行为会给你自己和周围的人带来怎样的伤害。你真应该好好读读……"

"听着,朱莉!我真的没有时间看这些东……!"

"如果这么重要的事情你都腾不出时间来,我们就真的没什么好谈的了……"

"朱莉!别这样跟我说话!"

"好好想想我跟你说的话吧……再见!"

克莱芒丝听到马西米兰办公室的门砰的一下关上。天哪,他肯定要气炸了,她想。她了解马西米兰·沃格,她知道这样的争吵一定会激起他的火暴脾气。她蹑手蹑脚地绕过办公桌,然后坐下,想要平静下来。她的手微微颤抖着把"特殊"文件放进抽屉。签下意大利客户的消息要等一等了。沃格先生这时一定不想说话,虽然她带去的是个好消息……克莱芒丝把这个重要的抽屉锁上,把小钥匙放到笔筒里,那里是她的秘密藏物处。然后她开始心不在焉地查看不断涌进来的邮件。内部电话突然铃声大作,吓了她一跳。是他。

"克莱芒丝?您能过来一下吗?马上!"

声音干巴巴的,很尖锐,像锋利的解剖刀。

这种情况下，绝不能跑，要飞。

她推开马西米兰办公室的门，发现他已经在处理文件了。显然，他决定把刚才的事情翻篇儿，迅速投入工作。他抬起头，脸上阴云密布，眉心的褶皱使他的表情显得更加冷硬，冰冷的眼神仿佛可以把人冻住。

但是，不管怎样，她都觉得他很英俊。深棕色的头发非常有光泽，长度正好能显出丝绸般的质感。她曾经无数次想象把手指穿过这样的头发。他的五官非常匀称，坚毅的下巴此时因内心的剧烈波动紧紧皱着。最迷人的是他堪称惊艳的眼睛，冰棕色，带着别样的神采，盯着你的时候好像能把你钉在原地。

"克莱芒丝，桑蒂尼公司的回复到了吗？"

"到了，到了！但是我以为现在可能不是时候……"

"您想错了。立刻把它拿过来。"

克莱芒丝忍下了他此时的坏脾气，什么也没说，目光落到扔在地上的纸团上。

"您在看什么，克莱芒丝？行动起来，该工作了！"

"呃，我……需要我帮您把这个扔了吗？"

他厌烦地瞅了一眼纸团。

"好的，好的，让它从我眼前消失。谢谢，克莱芒丝。"

他的谢谢听起来很空洞，但是克莱芒丝并不在意。马西米兰无论做什么她都能理解，无论什么。她弯腰捡起纸团，小心翼翼地走出去。这种时候应该让他一个人静静。

3

"去雄性症状"课程

不愿倾听、缺乏同理心和善意、缺乏耐心、妄下论断、横加批评、自命不凡,自我中心,摒弃幽默感……

"爸爸!"

罗曼抱住父亲,感觉自己的身体在父亲的怀抱里松弛下来。

"你觉得怎么样?"

"你太棒了!我真为你骄傲。"

她冲着父亲满意地微笑一下。人流慢慢涌向出口。不断有人拦住她,向她表示祝贺,或是问她问题。一个记者向她打招呼:

"您可以接受我们的采访吗?请问您什么时候有空?"

"您可以和我父亲联系,他来安排我的行程。"她微笑着说。

让·菲利普给了记者一张公司的名片。

"你想去哪里吃点什么吗?"他问。

"想！我要饿死了，那……"

"咱们去坎帕纳咖啡馆吧，离这儿很近，就在奥赛博物馆旁边。"

罗曼全听父亲安排，很高兴不用回去面对空空如也的悲惨冰箱，父亲一定给她预订了丰盛的晚餐。

她一进咖啡厅就被这里的装潢吸引住了。一个从前属于奥赛火车站的大钟，居高临下地俯视整间餐厅，反射出柔和的光，装饰有趣又不失高雅，整个氛围非常适合安静地享用晚餐。

侍者过了很久才注意到他们，但是让·菲利普很有耐心。他变化多大啊，罗曼想道……

她看着这张布满了时光印记的脸。他年轻时头发是纯正的棕色，非常茂密，现在变成了灰色，非常稀疏。他蓝绿色的眼睛周围细密的皱纹现在已经变成一道深沟。

以前，让·菲利普是一个急躁、易怒、从不妥协的人，如果给他做一个雄性症状问卷，他恐怕得在所有方框里打钩。那时他像封建时期的大老爷一样统治着全家。客厅里没有一个圆桌，因为圆桌要怎么分出主位呢？在所有谈话里，他要的不是讨论，是别人对他的意见表示赞同，不管他说的有没有道理。他喜欢弄出各种噪音，好像要以此显示自己的存在。他把门和壁橱弄得砰砰响，就像动物要撒尿标画自己的领地一样，他用声音宣誓领土主权——太野蛮了，简直是退化，是返祖！真让人怀疑人类文明究竟有没有进步……

但他开车的时候雄性症状会达到尤其令人费解的地步。如果耐心程度可以标在一把卡尺上，那他的脚还没跨进驾驶室，游标就应该拨到零刻度以下了。速度带来的快感会让他变成疯子。

罗曼从父亲那里大大丰富了自己的脏话词汇表。他有时候骂经典的脏话——傻子、妈妈的之类；有时候会骂出极富创造力的新花样——章鱼蛋、鼠妇、病恹恹的蜗牛、单神经蠕虫、脑积水贝壳……他最不能忍受的就是慢慢悠悠、拖拖拉拉，还有前方车辆亮起红色刹车灯。他会骂出最脏的话。他最喜欢开动自己的大排量引擎轰鸣着超他们的车，危险怕什么，又不是基佬。

但有时候实在太过冒险，而这冒险的代价是他的妻子——罗曼的母亲的生命。一切仿佛戛然而止。

他的雄性症状也在这一天死去了。让·菲利普再也不是从前的那个男人了。以前他的大屁股恨不得占满整个空间，从那时起，他总是缩得小小的，像一个影子、一声嗫嚅、一道反光。

对他来说，失去他这辈子唯一爱过的女人是一次沉重的打击，他走上了赎罪之路，甚至开始帮助女儿做她的事业。Q 势公司成了他活着的理由、他的苦修方式、他给自己的赦免令。罗曼知道他这是在亡羊补牢……以前他像一块石头，现在他非常敏感。当这块石头撞上了生活，它才发现自己只是一个脆弱的鸡蛋，根本无力对抗生活。

罗曼从不觉得自己可以原谅他，也不觉得自己会爱他。在童年时期，她和父亲的关系一直非常淡漠，交流尽量减到最少。父亲对她不管不顾是出了名的，直到……

从那时起，因为他加倍的自我牺牲和奉献，他重新赢回了女儿的心。罗曼觉得，人有权犯错，只要他知错能改……

"怎么样？酒足饭饱？"让·菲利普慈爱地问道。

这不，这句话换作以前的让·菲利普是无论如何说不出口的。他周围人的福祉来自他所经历的磨难，这样的磨难狠狠击中了他，却也把他惊醒。罗曼盯着大钟发呆。妈妈离开她多久了？十八年……那时候她只有十四岁。在这个年龄上，生活的剧变让她告别了童年。

"我送你。"

到她家门口的时候，让·菲利普目送她上楼，直到看见她的身影出现在窗帘后面，才启动车子，只有这样他才能真正放心。

"伟大的父亲啊！"罗曼叹了一口气。

她感到有些疲倦，于是躺在沙发上下意识地打开了电视，以减少一点孤独感。她想着自己的讲座，还有雄性症状的各种表现。雄性症状程度不同，无论是轻度的还是重度的，她都遇到过……

她在脑子里像过电影一样回想下午的整个经历——她站在麦克风前，面对着二十多个如饥似渴的听众，他们迫切想知道"雄性症状"这个奇怪的名词背后有什么含义。

"您可以举几个例子吗？"这个问题不可避免。

"比如一个总是监视着您、不断给您压力的老板；一个总是贬低您的伴侣（但他总会说这不是恶意的，是你太敏感……）；一个在公司里吸引了所有注意力的好同事，和她在一起的时候您永远只能是小透明；一个总是以各种方式干涉您的决定或生活方式的亲人……还有很多很多！"

"但是，如果我们有您所说的雄性症状，我们就不是好人吗？"一位看起来忧心忡忡的先生插嘴道。

"不，需要注意的是，我们不是在评判一个人，我们只是重新审视他的行为方式，以及这些行为可能对周围人造成的影响。这是非常不一样的！"

"我们该如何识别雄性症状呢？"一位女士问道。

"有一些特点是经常出现的。比如不愿倾听、缺乏同理心和善意、缺乏耐心、妄下论断、横加批评。还有一种典型表现，总是自命不凡，自我中心，摒弃幽默感……"

"但是，雄性症状这个词的词根是……"

"睾丸！^① 没错，就是这样。因为雄性行为充斥着睾酮！雄性症状本身就是一个非常男性化的概念。虽然女性身上也会出现这种症状，但男士仍然是雄性症状的重灾区。根源在于几个世纪以来的文化和教育一直在鼓励雄性症状，你们被装着权力、统治、力量、大男子主义的奶瓶喂养大，这些根深蒂固的思想不是一朝一夕就可以拔除的。你们觉得真正的男人难道不就应该擂着拳头让人听到自己的声音吗？说白了，难道不应该在任何场合宣告你们有那个？"

罗曼很喜欢在这种时候留下一个空白，使自己的话久久回荡在听众耳边，直到在他们心里深深埋下一颗种子……

"但是请注意，诸位女士！雄性症状也在你们这边越来越普遍，因为为了弥补没有睾丸的缺憾，你们有两个性腺（虽然要小一些），而你们的行为方式也越来越雄性化。你们把同理心压了箱底，你们用高跟鞋把公司里的男性竞争对手踹到一边，你们跟成打的男朋友约会……"

---

① 雄性症状一词是作者创造出来的，原文为"burnerie"，词根"burne"意为睾丸。

罗曼知道自己的话有些惊世骇俗。但是办这样的讲座不就是为了给人一种电击式的感觉，刺激人们把观念付诸行动吗？

她美滋滋地走进厨房给自己冲了一杯饮料。她对自己非常满意，讲座在一阵雷鸣般的掌声中结束，十几个人对这个项目表现出浓厚的兴趣。还有什么不满足的呢？

她的电脑闪烁着小信封的图标，她刚刚收到一条新信息，是父亲。

23:24

亲爱的，谢谢你和我一起度过了这样一个美好的夜晚。你真是活力十足！附件里是下一组想要参加你的"去雄性症状课程"的人的名单。你看看就知道这是个很好的研究样本！现在，好好休息，休息好最重要。你非常努力，但就算是一级方程式赛车也不可能瘪着轮胎跑得飞快。温柔的吻，爸比。

太棒了！她迫不及待想看看新的一批参与者都有谁，但她抑制不住地打了个哈欠。

看来要拖到明天了，她想道，感到自己筋疲力尽。

她决定听从身体……和床的召唤！明天再看名单吧……

4

这个课非常适合你

优秀如你，如果再学习一点待人接物的技巧，那简直是完美。

7：30，马西米兰把他优雅的黑色皮革公文包放在豪华扶手皮椅旁边，下意识地伸手开电脑，突然发现笔筒旁边放着一个纸模。十天了，每天早上这该死的东西都会出现，是用同样的广告纸折的。今天是一只母鸡，昨天一只青蛙，前天一只天鹅……这种玩笑什么时候能结束？真受不了！他心里翻滚着怒火，一把抓起精致的纸模，把它扔进纸篓。根本不用读——他已经知道里面写了什么。他现在可以倒背如流，什么罗曼·加德纳的新奇方法，什么她的"去雄性症状课程"可以让人完全去除"专横、指手画脚、个人主义、自恋、攻击性、评头论足、阉割情结等倾向"……瞧瞧，都是些什么。他甚至记得那些貌似实用主义的话，"去除这些阻止你变得更好的行为……"就好像他需要别人告诉他什么是最好的自己似的。可笑！他头脑里浮现出这个女人的照片，看起来太年轻，一点也不牢靠，但她坚定的眼神好像在无声地挑战他：敢不敢？

克莱芒丝会听到我咕哝的！他对自己说，更加愤愤不已。如果他的秘书都开始劝他参加这个课程，他要怎么办？更别提朱莉了，她一直发短信骚扰他……她们都怎么了？马西米兰站起来，在房间里来回踱步，就像关在笼子里的狮子。他不明白为什么大家都这样批评他。没错，他有时候当然有点尖刻，有点专横……但是这难道不是领导者的特权吗？当然，他总是忙得没时间关注身边的人，但作为一家如此庞大的公司的掌舵人，难道他不应该时刻绷紧神经站在舰桥上吗？这些人都在想些什么？她们以为身居高位的人可以像迪士尼动画里的女主人公一样软弱又善良吗？去你的！即便表面温和也必须要有雷霆手段。他知道应该怎么做。他不满地把揉皱的纸模从纸篓里捡回来，他要和克莱芒丝当面对质，逼迫她停止这样的小伎俩。

他用手指狠狠戳着内部电话的按钮，毫不怀疑克莱芒丝已经到了，即便现在还远远没到上班时间。

"我马上来，先生。"

他瞥见他的秘书在进门前犹豫了一下。她肯定很害怕接下来要发生的事吧。也许她没错。

他逼近她，在她鼻子前面晃着被开膛破肚的纸模。

"克莱芒丝，您有且仅有一次机会来给我好好讲讲这到底是想干什么！"

这样的语气让克莱芒丝抖了一下，他清楚地知道这样可以打乱她的节奏。她清了清嗓子，扬起下巴，像是要弥补两人的身高差。

"先生，您知道我非常欣赏您所有的优点和您的工作方式……"

糖衣炮弹的糖衣有点厚。但马西米兰还是忍不住感觉很受用，但他马上回过神来，发现自己门户洞开……显然，他的秘书会不失时机地推门而入。

"我仔细研究了一下这个课程……各大媒体都在报道，这个课程模式非常新颖，您会喜欢的！"

马西米兰微微挑起一根眉毛，面部表情却纹丝不动，一副严阵以待的样子。

"嗯……然后呢？"

她的脸上掠过一丝不安，他不由自主地注意到她的胸脯因为心跳加速而耸得更高了。他这么让人害怕吗？他的秘书鼓起勇气继续说：

"您知道有不少大人物都去参加了吗？"

"是吗？"

见鬼，她真是能说会道，论据直中要害……他表现出来的兴趣让克莱芒丝更坚定地继续说下去。她把一串商界和影视圈大咖的名字摆在他面前，说他们交口称赞这个项目对他们的事业和个人生活都大有助益。然后她用悦耳的声音给出了一个打动他的理由，这样的说服技巧真应该进最有名的广告公司。

"这个课程要让人彻底改变心理状态！并且已经大获成功！这真是不可思……您想想，您去接受几个星期培训就可以面貌一新，学会最新潮最无可挑剔的待人接物的方式，拥有 30 世纪的精神面貌……"

马西米兰·沃格情不自禁地微笑起来，他很欣赏这种不屈不挠的精神。

"好口才！但是克莱芒丝，你告诉我，你为什么这么想让我参加这个项目，是什么让你这么想要改变我？"

克莱芒丝瞪大了眼睛，显然很怕对老板说出全部的真实想法。但是马西米兰早已习惯了这种反应，于是鼓励道：

"说吧，克莱芒丝！不用怕……想说什么说什么！"

克莱芒丝看着他，显然并不完全相信他的话，因为他的表情和他说的话好像并不一致，但她最后还是决定孤注一掷：

"这个嘛……我觉得如果您能不那么……专制，会对您有好处。多听听别人的话……更灵活一些之类的。"

这样大胆地说出心里话让她涨红了脸，微微发抖，但还是努力保持目光接触。显然她已经准备好面对一切可能出现的局面。这让马西米兰有几分高兴，他一向欣赏这样的胆识。

"我知道了……谢谢，克莱芒丝，我会考虑的。"

马西米兰中断了眼神交流回到桌边，克莱芒丝知道这是说会面结束了。

但他还是在她走到门口的时候叫住了她。

"克莱芒丝？"

"怎么了，先生？"

"不会再折纸模了吧？"

克莱芒丝对他微笑了一下，这样真诚的微笑让他丢盔弃甲。他低头看见展开的皱巴巴的纸上，罗曼·加德纳的照片好像在召唤他。真是个美女，他想道……他把文章又读了一遍，以回顾一下重要内容。不错嘛。但是这个项目好像要聚集起一群人。而且，和一群身份不明的人同处一室的，真是不可思议，因为像他这种级别的人是不能在陌生人面前展现弱点的，尤其是在社会地位不同的陌生人面前……马西米兰想起和朱莉的争吵，以及克莱芒丝的坚持，他开始认真审视自己的处事方式。其实他早就在想这个问题了。在他的社交圈里有不少公司领导层都在进行关于待人接物技巧的培训。这样想着，他的目光落到了文章下方 Q 势公司的电话上。多荒谬的名字啊！但是一家取得如此成就的公司是不容小觑的……再说了，联系一下他们也不会怎么样嘛。也许这个叫罗曼·加德纳的人也开私教课？更重要的是，能见见这么漂亮的一张小脸无论如何是让人愉快的……

5

最难对付的强势人物

这种人亟须提升情商，却往往觉得提升情商纯属浪费时间。

有人按响了 Q 势公司的门铃。天哪！难道是已经有学员来了？几个月前新招的助手芳汀跑去开门，她的脚步声回响在走廊里。罗曼已经把自己关在洗手间里 15 分钟了，她在补妆，想把脸上紧张的神情遮一遮。每次新一期"去雄性症状班"第一次上课的时候，她都会紧张。也许是因为她知道，第一印象至关重要吧。对这些雄性症状重度"患者"来说，第一印象更是起到决定性作用，他们根据第一印象做出的判断不会轻易改变。罗曼掀起马桶盖，第三次坐在了上面。她紧张的时候总是想上厕所！然后她在镜子前整理了一下着装，最后扫了一眼登记表，加深一下对学员的印象。她知道其中有一位参与者尤其不好对付，她费了九牛二虎之力才说服他来参加小组体验。他可不是随便什么人，正是马西米兰·沃格，鼎鼎有名的商人，商业杂志封面常客，国际美妆巨头之一的总经理。

罗曼坐在马桶盖上焦躁不安地看他的表格，填得实在太不详细了。年龄：35 岁，婚姻状况：空，背景：空，动机：空，期望："找到可以提升的地方，快速精确地进行改善，取得明显效果。"看着这么多空白，罗曼气不打一处来，然后她注意到，填的地方也不出意料地采用了不容置辩的命令式语气。这就是这个人的形象，严苛且缺乏耐心，总是希望动动手指就能改变自己，如果不能让他满意，他肯定会反应激烈，高调地表现出来。典型的权力型雄性症状在他身上表现为，天生的强大气场，自视甚高，擅长领导工作和给别人分配任务以实现自己的目标。权力型雄性症状非常看重两样东西——权力和成就，他们是完美主义者，任何次品都逃不过他们的火眼金睛，他们目标远大，不断成长，步步高升……但是，成功的祭坛上摆的是待人接物的基本常识。有时候沟通被彻底忽略，有时候他们会践踏他人的尊严。他们中有些人觉得提升情商根本是浪费时间，结果这种习惯性的缺乏同理心使他们成了孤家寡人……马西米兰·沃格当然也不例外。难的是如何以一种温和的方式，在不刺伤他自尊的前提下，让他明白这一问题的重要性。面对自己不太光鲜的一面，对谁都是不太容易的，对他这样的人来说就更不容易了。

现在，罗曼感到很热，特别热。她把汗湿的手在漂亮的裙子上抹了一下，眼睛仍然盯着他的照片。挺帅的嘛，哦，不，做人要诚实，罗曼纠正自己……是非常帅！她细细审视着照片想要找出一个缺陷，就像珠宝商用放大镜观察一块宝石看它有没有瑕疵，会不会是人工合成的。

"过于完美。"她嘟囔道。

终于，透过马西米兰·沃格的眼神，罗曼觉得自己找到了突破口。

"哈！找到你的弱点了，詹姆斯·邦德！"她微笑起来。在这样的眼神里，她看到了过度收敛的感情，藏在这个喜欢什么都井井有条、尽在掌握的商人的铁面下。

"要把这些紧闭的锁都敲掉！"

罗曼感觉见到沃格先生的话会看到更多线索。管他呢，她喜欢挑战。她最后照了一下镜子，那双眼睛里坚定的光芒使她镇定下来，她打开厕所门，觉得自己终于准备好要面对新的一拨学员了……

6

人人都有强势的一面

随着社会环境的变化和时代的发展，强势的女性也越来越多。

他戴着黑手套，神经质地敲着公文包。奇怪的光线透进捷豹XJ 染色玻璃窗，外面的景物显得苍白而扭曲。薄薄的金属壳将车主人和外面的世界以及真实的生活隔绝开来。

马西米兰·沃格看了看表，那是一块价值 10000 欧元的卡地亚，是他父亲送给他的三十岁礼物（昂贵的礼物用于代替不知如何表达的感情）。他决定加入罗曼·加德纳的一个小组试听一次。他其实更想上私教课，但是那个能说会道的年轻姑娘说服了他。马西米兰对她中肯的论点并不是无动于衷，甚至很欣赏罗曼在论辩中温和却坚定的讲话风格，所以他决定给她一次机会。如果参加这个项目可以让朱莉停止唠叨，让克莱芒丝不再施压，那也确实值得一试。但不管怎么说，百忙之中抽出时间来参加这个活动本身就让他大为光火；他不喜欢浪费时间。

——"还远吗？迪米特里？"

司机面无表情，用不带任何感情的语调答道："快到了，不用担心，不会迟到。"

这次课程使即便是像马西米兰这样见惯大场面的人也觉得有些紧张。"去雄性化"这个概念，说实话，让他有点害怕。他简直不知道该把脚往哪儿搁。另外，一想到要和一群素不相识的人混在一起，还要在他们面前承认他"需要想办法去除雄性症状"，他就觉得不舒服。他对自己的紧张感到很震惊。他，紧张？！太不正常了，他的字典里没有"紧张"这个词。他参加了那么多高端会见，要多淡定有多淡定。他一直以来受到的教育不是都告诉他，紧张是懦弱的表现吗？在家里，无论是他父亲还是他自己，都是很强势的，他从小就披上了铁网制成的外衣。他从不表露情感，也不让自己被感动——二者同样重要。强大的男人应该像蜥蜴那样，做一只时刻高昂头颅保持冷静的冷血动物，如果尾巴不幸被剪掉，它（他）也应该想办法让它再长出来！他就是抱着这样的信念长大的，并且不想改变这一点。改变，啊，是的，这个项目就是要改变他。他第一千次读了Q势公司昨天晚上给他发的确认邮件："我们很高兴于10月18日晚六点在我们公司接待您，您将参加第一次活动。欢迎参加我们的项目并且恭喜您！"

恭喜！他实在看不出有什么可恭喜的……在他眼里，他这样一个成功商人的生活就像一个各个部件运转良好的飞行器飞在云端，而这个该死的项目则会妨碍它飞行。为了维持它的运转，他需要像暴风一样下决断、做资产评估、进行大手笔的融资、掌控海潮般翻涌不止的人事变动……

马西米兰·沃格专心致志地扮演着自己的角色并且模模糊糊地觉得他好像确实有点过于认真。年复一年,这种严肃认真在他的生活中占据了越来越多的位置,并且从他的每一个毛孔里渗透出来。不知从什么时候起,他脸上不变的严肃就像给他罩上了一层黑布。随着时间的推移,他的脸甚至有点像德鲁比,那个特克斯·埃弗里动画里像人一样的狗。他没法自然地微笑,身体里像有一把小锁,把微笑锁起来了,而且钥匙已经丢了。笑肌上提对他来说需要艰苦卓绝的努力。因为在他的世界里,即便一个微笑也应该有利可图。

马西米兰飞快地编辑短信,好让自己不去想接下来会发生什么。随着课程时间逼近,他心里越发像长了草一样不安。后悔已经来不及了,他们马上就要到目的地了。

"就在路尽头,先生。"他的司机说。

"谢谢,迪米特里。停车吧,我想走过去。"

"好的,先生。您想让我什么时候来接您?"

"他们说大概需要两个半小时。"

"很好,先生。我会在这里等您的。"

司机穿着暗色西服,一举一动都极有分寸,他为马西米兰打开车门。马西米兰此时迫不及待地想出来透透气。是的,透气!他头也不回地径直走向 37 号。

另外两个人和他同时跨出车门。他们也去那里吗?他用探究的眼神望了他们一眼。他们身上有没有明显的雄性症状表征?那位女士伸手去按楼门口门铃按钮的时候再没什么疑问了,这些人也是参与者。

一位穿着简单利落、高高地扎着马尾、脸上带着迷人微笑的姑娘像个好客的衣帽架，殷勤地接待了他们三人。她带着他们走进会议室的时候，马西米兰情不自禁地注意到她的裙子不及膝盖，凸显出令人赞叹的好身材。会议室里已经有三个人，他们大眼瞪小眼，周围是死一般的寂静。

椅子被摆成一圈，扶手一侧有供写字用的小桌板。房间中央有一张小桌子，上面放着一组音响设备、一张活动挂图、几支笔。

传统课堂，马西米兰想道，他很好奇罗曼·加德纳的课堂会有什么新奇之处……

他决定进入观察模式，其他人也都在小心翼翼地打量着周围。不时有人小心地清清嗓子，但没人敢打破沉默。紧张的氛围仿佛使空气都凝固了。

嗯，还有两位女士，马西米兰自言自语道。一个女人怎么会有见鬼的雄性症状呢？他感觉很奇怪，在心里画了一个问号。

一个干瘦干瘦的男人不安地在椅子上扭动，显得很不耐烦。一个胖得像电梯一样的男人好像决定打个盹。一位漂亮的棕发女士穿着正合身的裙子，她一会儿把腿交叉一会儿放平，用眼角余光看周围是否有人注意她。另一位金发女士，身材微胖、神情倨傲、一本正经，好像想让人一眼看出她是个有身份的人。她深邃似海的眼神空洞洞地望着远方，很明显，她人在这里，心却不在。

漫长的几分钟过去了，这让马西米兰非常恼火，他讨厌等人。然后他听到了一点窸窸窣窣的声响。听到了楼道里的脚步声。随后是轻微但很清脆的笑声。像其他人一样，马西米兰屏住了呼吸。门开了，罗曼·加德纳出现在门口。

7

"去雄性症状"第一课

"雄性症状的十道伤疤":傲慢、妄下论断、自我中心、缺乏倾听、自命不凡、统治欲望、攻击倾向、缺乏耐心、缺乏忍让、缺乏同理心和利他精神。

罗曼·加德纳像舞会女王那样走进了教室,落落大方、笑意微微、高高在上。被这样的出场震慑到的马西米兰觉得,这种气质让人直想对她行屈膝礼。他细细打量了她一会儿,发现她的着装很得体,这对他来说非常重要。虽然她个子不是很高,但身材曼妙,比例匀称。而最触动马西米兰的还是她鲜亮的水绿色眸光,透着坚定和热忱。罗曼·加德纳站到教室中心的小桌子旁;所有人都聚精会神准备听她讲话。她扫视过在场的每一个人,一句话也没有说。厉害,她在制造气氛!马西米兰想道。寂静的空气里仿佛闪动起电火花。然后,毫无预兆地,罗曼·加德纳开始慢慢鼓掌。先是不紧不慢，然后越来越密集，越来越响亮。她示意他们跟着她一起鼓掌。马西米兰看看周围的人，发现他们真的在跟着做，一开始还有些拘谨，随后越来越起劲，直到最后雷鸣般的掌声回响在整个房间里。而他只用指尖意思意思了事，觉得这样的开场很尴尬。当房间重归安静，罗曼·加德纳终于开口了。

"大家好。我是罗曼·加德纳。谢谢大家来到这里。首先，我想说太棒了。没错，太棒了！刚才你们在为自己鼓掌。我知道下定决心来到这里有多困难。相信我，敢于怀疑自己并开始改变，需要天大的勇气。你们已经可以为自己感到骄傲了！"

这样的开场白简直太傲慢了……马西米兰从其他人怀疑的目光中看出不止他一个人这样想。他并不反对这种大胆的态度，他也经常鼓励自己的团队对那些难缠的客户采用这一招。但是，无论如何，这种戏剧化的效果显得有些过了。

罗曼·加德纳让大家挨个发言——经典的做法。但比较新颖的是，她要求大家通过随身携带的物品来进行自我介绍，这件物品要能够体现自己的个性……

马西米兰身上没带什么东西，除了手机。手机应该很能说明问题。干吗搞那么复杂？其他人好像都在很配合地绞尽脑汁想出一个好点子。

"好，那我们就开始吧，"罗曼微笑着说，"我会把这颗红色的泡沫球扔向你们中的一个人。接到球的人要说出自己的名字、为什么来到这里，并介绍一件标志性的物品。之后再把球传给下一个人，然后重复这个过程。大家准备好了吗？"

难道他们要像在滑稽木偶戏里那样激动地大喊"好"？马西

米兰腹诽道。罗曼环视一周，最后决定把球扔给那位棕色头发的年轻女士，她嘴角绽出大大的微笑接住了球，看起来她很喜欢这个游戏。

"那么，大家好！我嘛，我叫娜塔莉。我的工作是负责内部联络，嗯，我被……被辞退了……"

哈，笼罩过来的第一片阴影，马西米兰想道。她会对他们讲怎样的故事呢？

"发生了一些事情……"

她努力隐藏自己的情绪。

"我之所以来到这里，是因为我仔细思考了我所经历的一切，并且……我觉得我走弯路的原因是我与人相处的方式有问题……所以，我很想知道……"

"谢谢你，娜塔莉！你要介绍的东西是什么呢？"

这个小姑娘拿出一个大大的粉色的毛茸茸的球。

多迷人啊，马西米兰戏谑地想道……

"我特别喜欢这个钥匙扣，"她矫揉造作地说，"我很喜欢它鲜亮的颜色，引人注目，让人忍不住想摸一摸。让人很难不注意到它……就像我！"

马西米兰注意到罗曼似乎正在内心解读这些信息。她对娜塔莉的回答表示了感谢，并再次欢迎她的到来。娜塔莉看着其他人，掂量着应该把球传给谁好，最后她随意丢给了那位"洁身自好女士"。她叫埃米莉，一身布波族^①打扮，出人意料的镇定，说出自己的名字时声音洪亮。显然，她来这里绝不会是因为缺乏自信……

"我来这里，是因为……我儿子最近离家出走了……我想知道我对此应该负什么责任。"

唉，她打破了默契……小组的气氛改变了。这个女人怎么能把这么私人的事情如此明明白白地公之于众，还是对着一群素不相识的人？太不知羞耻了！

马西米兰对她小小的家庭悲剧一点兴趣也没有，也不想被迫听一场诉苦大会。幸好，这位女士没打算继续倒苦水。她收拾起情绪。她要介绍的东西是一大串钥匙。多奇怪啊……她介绍道：

"我们有一处很大的房产。这个地方对我非常重要。我一直想要一个可以住下我们一大家子并且可以邀请亲朋好友聚会的大房子。我对我们的土地和传统怀着深深的眷恋……这串钥匙代表着这一切，也代表着我这个人——房产的女主人。"

马西米兰对她孩子出走的原因感到好奇。但不难想象这样一个"法国旧式家庭"会是怎样的沉闷压抑……

罗曼对她表示感谢，城堡女主人埃米莉把球扔给了那个干瘪枯瘦的男人——布吕诺。一眼看过去就知道是不能跟他开玩笑的。他的脸上仿佛写着"零容忍的布吕诺"。他在一家生产卫生保健用品的大公司当经理。有意思……他手下管着一个由八位女性组成的团队。显然，她们中的某个人对高层哭诉了他的严苛管理，

---

① 布波族：形容20世纪90年代之后，因为信息时代的快速来临，随着高度的创作空间与快速的财富累积而来到中上到上层阶级的新高级知识分子。

之后领导层就客气地请他注意工作方法，并让他参加了这个培训班。他片刻不离身的东西是手表。朴实，精准，多功能。啊，如果整个世界都像块表一样该多好！马西米兰明白他话里的话。

"机器人先生"，马西米兰在心里给他起了这个绰号。他违反了罗曼的规定，站起身来把球放到了"大腹便便先生"面前。100% 精准战略，绝无旁落的可能。现在持球的这位叫帕特里克。马西米兰听得心不在焉，他开始觉得时间过得太慢了些。啊，唯一重要的信息——帕特里克结婚 25 年的妻子不久前离开了他。像其他人一样，他想知道自己错在哪里。找个镜子照照自己，你马上就明白了！马西米兰差点脱口挖苦他。这位好好先生的护身符是什么呢？车钥匙。显然他花在车上的心思比花在女人身上的还要多。马西米兰暗暗做了个鬼脸，现在他多少知道这些人的故事了。他越来越怀疑自己在这里待下去的意义。没有一个人和他的世界有丝毫交集。他们肯定没什么可以帮助他的，也不可能在任何方面提升他……想到自己浪费掉的时间，他就皱紧了眉头。

沉浸在自己思想里的马西米兰没看到"毫无自知之明的帕特里克"把红球扔给了他。球击中了他的额头。球是泡沫做的，所以并没有打疼他，但却伤害了他的傲气。他还不得不四脚着地把它捡起来。真是越来越精彩！因为感到窘迫愤怒，他没好气地做了自我介绍，带着一种拒人千里、居高临下的态度。他看到罗曼细细打量他的脸，目光在他交叉抱在胸前的手臂上略略停留，这是个表示自我封闭的姿势。他力求让自己面无表情，下颌紧收，随便说了几句话，完全没有暴露身份。

"我在一家国际美妆大公司上班，"他含糊其词，"我来这里是因为我有点太……不关心他人。并且有时……太专横。"

所有人好像都期待他再说点什么，但是马西米兰用一句让人失望的"就是这样……"结束了自我介绍。他并不想把自己的经历讲给这些认识还不足一小时的人听，并且，这些人跟他还不是一个阶层的。他介绍了自己的手机，他觉得手机就是他的化身。一个像他这样的人应该 24 小时保持通讯畅通。他在世界各地都有业务，业务不等人。这是他的信条。

罗曼感谢了他，他希望在她眼中看到赞赏的光芒，但是没有。他有点恼火，屁股向椅子里面挪了挪，让自己坐得更舒服，准备听接下来的发言，心里窝的火一蹿一蹿的。他本以为会听到一篇关于雄性症状危害的长篇大论，但事情没有按照他的设想发展；罗曼让他们做了这个游戏。她就准备这样帮助他们吗？马西米兰看了看表，不由得想到了堆成小山的文件正等着他去处理，而他却在这里玩着无聊的游戏。

"你们准备好一起解决一个小小的问题了吗？"

他们有的选吗？

"那么，问题来了。这是一个关于一位住在 9 楼的先生的故事。每天他都坐电梯去遛狗。回来的时候他会在 6 楼下电梯，然后爬上剩下的 3 层。但是下雨天的时候他会直接坐电梯到 9 楼。请问这是为什么？"

教室里的人面面相觑。一只苍蝇嗡嗡地飞着。罗曼想用这个愚蠢的问题说明什么呢？

"毫无自知之明的帕特里克"第一个发言：

"嗯，原因很简单，就是因为他酷爱运动！"

布吕诺，又名机器人先生，突然插话：

"不对，仔细想想！如果只是想做做运动，他会从 1 楼爬到 9 楼！而不是只爬 3 层！"

娜塔莉，那位三十多岁的"求关注漂亮女人"说：

"呃……那么就是下雨的时候他心情不好，所以连 3 层楼梯也不愿意爬了！"

"而且下雨天您又怎么解释？"她补充道。

"您这没法自圆其说嘛，"城堡女主人埃米莉批评道，"他肯定是要到 6 楼去拜访什么人！下雨的时候他得先回家换衣服再去拜访邻居！"

"不对！我嘛，我觉得 6 楼住着他讨厌的什么人，他要让他的狗去他们家擦鞋垫上尿尿！但是下雨天他不能去，因为他和他的狗会留下脚印！"

马西米兰躲在角落里暗暗拱火。这个娜塔莉真吓人，每句话都要用"我嘛，我"开头，让人难以忍受。

他嘛，他早就听过这个问题的答案。他觉得是时候结束这个毫无意义的问题了。

"不好意思，大家听我说。完全不是这么回事。事实上这个家伙是个矮子。他只够得到 6 楼那个按钮，但是下雨天，他可以用雨伞按到 9 楼。"

五双炯炯有神的眼睛望向他。

"您听过这个问题？"罗曼问道。

"谁不知道啊？"马西米兰反驳道。

他探究地看着这个小姑娘的反应。她会乱了方寸吗？他打乱了她的节奏……但是并没有。她依然淡定，让人恼火地保持着亲切和蔼的耐心。

布吕诺迫不及待地要求对这个练习做个总结陈词。

"当然了布吕诺，我正要做这件事。"罗曼从小桌的抽屉里拿出一个口述录音机按下"播放"按钮。

"我建议你们重新听一听你们的对话，并从中解读雄性症状的迹象……"

对话的录音无情地播放着，所有雄性症状的表现赤裸裸地摆在听众面前。

"缺乏倾听、尖刻的语气、妄下论断，更别提你们的肢体语言……"

"我们的什么？"帕特里克问道。

"肢体语言！"马西米兰忍不住愤愤插嘴，好像这是显而易见的，"您所有的手势、面部表情、身体动作、语气，都暴露了您的内心，即使您并没有说出来。"

马西米兰看着帕特里克，心里盘算着。他刚才说他是坐办公室的职员……很明显，他听不懂这种管理课程上才会讲到的概念！这个家伙肯定每隔两分钟就会提个问题，拖慢进度。这就是把水平相差悬殊的人放到一起的结果。马西米兰犹自愤愤，不禁想到私教课肯定更合适……罗曼·加德纳会怎么做呢？他在她脸上看到一丝紧张的痕迹，只见她安慰帕特里克道：

"没关系，帕特里克。您有权提问题。"

然后她转向马西米兰向他投去坚定的目光：

"是不是，马西米兰？"

"什么？"

"他有这个权利吧？"

"嗯……"商人不满地哼道。

随后她让听众记下她形象地称为的"雄性症状的十道伤疤"：傲慢、妄下论断、自我中心、缺乏倾听、自命不凡、统治欲望、攻击倾向、缺乏耐心、缺乏忍让、缺乏同理心和利他精神。

"当然，万幸的是在座的没有把这十样占全的！我们要做的事情就是一起注意你们的言行，让你们思考自己身上都有哪些'雄性症状伤疤'。一旦你们认清这些伤疤，你们就可以采取有效行动了……"

"这样看来我们的形象可不怎么样。"城堡女主人埃米莉抱怨道。这样一条一条地揭伤疤让她有些生气。

"别担心，埃米莉！我再强调一遍，我们对事不对人。您会看到，只需要一些努力和一点坚持，你们为人处世的方式就会得到改善，并且你们很快就可以看到实实在在的好处……"

远景很好，但是罗曼·加德纳到目前为止都没有给出任何切实可行的秘诀。马西米兰很怕她会给出一些华而不实的理论……媒体难道没有为了报纸更好卖而习惯性地夸大这个课程的创新性？还有，克莱芒丝说服他的一个重要理由是参加课程的有许多有头有脸的人物……但是，目前看来，他是这些人中唯一的大人物，其余都是些无名之辈。他的目光紧盯着罗曼，心里的怒火反复发酵。罗曼此时正走向房间一个隐蔽角落里的小壁橱。她打开壁橱，取出一个塞得满满的包，又从包里取出一个个装在长方形纸盒里的东西，发给每个人。

"拿着。这是一个相框。下次我希望你们找出一个对你们来说堪称去雄性症状者榜样的照片，可以是现实中的人物，也可以是虚拟人物。把照片放到相框里。我们就把这间教室用你们找到的照片装饰起来。如果您愿意，可以多带几张照片！"

罗曼用轻松的语调结束了这次课程。

"谢谢各位的参与。你们已经迈出了最艰难的第一步！我知道改变自己有多难，我也希望你们在接下来的几周里温柔地对待自己。只要我们每个人都尽力而为，我们将一起到达一个辉煌的终点！"

她把手伸向身前的音响。

"我希望大家伴着音乐告别……"

乔治·布拉桑的一首《当我们变傻的时候》回响在教室里……

"当然，要听出这首歌的弦外之音。我选这首歌是想博大家一笑，并且提醒你们，幽默和自嘲也是治愈雄性症状的良方！为何不让接下来的一周在宽容和忍让中度过呢？"

真是越来越妙了，马西米兰想道，觉得这首歌让人很窘迫。布拉桑的歌词像小鞭子抽在空气里那样噼啪作响，其他学员正在与罗曼告别。

时间并不能改变什么。当我们变傻，我们很傻！无论是我们二十岁时，还是做了祖父，当我们变傻，我们很傻！你们中间，不再有争论，过时的傻子，初出茅庐的傻子，最后一场暴雨的小傻子，过去的雪的老傻子。

　　马西米兰走近罗曼想要和她说几句话时，她已经在忙着收拾房间。她被吓了一跳。

　　"我想占用您一点时间……"他开口道。

　　"您想说什么，马西米兰？"

　　"听着，我不知道我下次会不会来。"

　　他看到小姑娘有点局促不安。

　　"啊……"

　　"我不得不说，这个小组和我想的不一样……各种奇怪的人！坦白讲，我不觉得我和他们中的一些人有什么好说的，您理解吗？一个孩子离家出走的母亲，一个被妻子抛弃的丈夫，更别说还有其他人……我当然不是在评头论足！但我看不到和他们一起上课会让我有什么进步！"

　　罗曼站直身子，端端正正地像个字母 i，她直视他的目光。

　　"马西米兰，如果您在这里停下，那实在是太可惜了。相信我，每个学员的问题都会让您有所感悟。把各种不同类型的人混在一起对改变每一个人都是必要的……"

　　"我不明白为什么有这个必要。"

　　她会作何反应呢？他拭目以待。

　　"首先，在这种情况下您会打开视野，您会不由自主地开始关注和您完全不一样的人。在 Q 势，所有人组成一个阵营，处于同一起跑线，这本身就有助于去除雄性症状……自我中心，自命不凡，诸如此类的症状……"

　　"在您的广告里，您提到了 VIP 客户……但是我其实是唯一的 VIP。"

"一个小组里有一个像您这样的人已经不算少了，不是吗？"

她大约是看出他并没有在开玩笑。

"认真地讲，我确实有过不少 VIP 客户，他们都很好地融入了这些'没那么重要的人'当中。我建议您去看看网站上他们写的体验评价……如果您不是身处一群'和您不一样'的人中间，您又如何能体验到多元化和真实的社会环境？那样您只是仍然待在自己的舒适区里……"

"嗯……我知道了，我知道了……"马西米兰让步了，但仍有所保留，"谢谢您的解释，罗曼。我会好好考虑这些，如果我继续参加这个项目，我会及时通知您……"

"没问题……"

她在故作轻松吧？她补充道：

"只是麻烦您尽快决定，如果您不来了，我可以安排其他人参与项目。"

他像是被刺了一下。他和另一个人等价交换？他，退出？他不得不承认她玩得一手好牌。她肯定觉得要想让他这样的人参与项目，一定要用激将法。无论如何，这次轮到他摆出一副无所谓的态度。就用扑克脸对扑克脸吧。

"一言为定。祝你晚上愉快，再见……"

马西米兰头也不回地走远了，他知道背后射来一道目光，于是尽量让脚步显得坚定，就像一个总是明白自己在走向何方的男人那样。总之，大概做到了吧。

8

只为自己而活是一种病

当我们找到内心的平和以及生活的乐趣时，我们就会熠熠闪光。

迪米特里送马西米兰回家的时候，马西米兰很遗憾不能和什么人分享自己刚才的经历。但是他和司机之间是不可能有什么对话的，这是地位决定的。于是他在心里像过电影一样回顾他在Q势公司上的一课，对于这节课，他的感受很复杂。首先，和这些跟他不在同一个世界的人混在一起让他感觉很恼火。他们的问题和他没有丝毫共同点！其次，目前来看，他觉得罗曼·加德纳的方法有点异想天开，而非切实可行，他很怀疑这种方法的有效性。所以问题解决了？是的。思想斗争结束。那么为什么他不能下定决心不再去上课呢？马西米兰郁闷地叹了口气。不管怎样，没有什么东西约束着他。他不需要证明什么，既不需要向小组里的人证明，也不需要向罗曼证明。但是，他和罗曼课后的交流狠狠刺中了他。他感觉到罗曼认为他坚持不到最后，这让他很不爽。也许在罗曼的想象中，他会害怕反思自己？他，害怕？笑话！他很想向罗曼证明自己不是那种知难而退的人。这是一种突然爆发的傲慢吗？是的，他很清楚地看出四两拨千斤的花招……但是她可别高兴得太早，如果他回到 Q 势，他会很高兴给这个小姑娘下点绊子，让她不好过。她也要拿出真本事来证明自己！想要考验一下她的想法攫住了这个商人。说实话，他很好奇她会怎样开展工作。另外，她今天的表现挺吸引人的，对此他可是行家……也许值得进一步跟进，看看她能做到什么程度？

他走到楼下，决定爬楼梯上 9 楼，身体的疲劳会使头脑得到休息。他迫不及待地把钥匙插进锁孔，然后走进他宽敞的半明半暗的公寓。他第一次有一种奇怪的感觉，就像是被这种冷冰冰的空旷击中了。这么大的面积，却这么空。漂亮，奢华，充满设计感……却没有人情味。这是一个功能性公寓，一直保持着它本来的样子——一个让人匆匆而过的地方。马西米兰请了最有名的设计师来设计这间公寓，但是他自己却从没在里面添加任何个人物品。他没有时间，他没有个人生活，他把时间都献给了公司。

茶几上，录音电话闪个不停。一条来自朱莉的留言：给我打回来，我想听到你的声音。你开始 Q 势公司的项目了吗？哔。他待会儿再打回去。他爱朱莉，但他很怕对话会持续几个小时。另一条留言。弗朗西斯卡——一位优雅的女市场经理，总抓着他不放。这是行不通的：他讨厌受人控制。这让他感到窒息；他会整理好的。他思考着权力会让人显示出怎样的吸引力。他的成功不可思议地吸引着女人，她们就像扑向火苗的飞蛾。马西米兰走向客厅，顺便摸了一下角落里一个漂亮的装饰雕塑。那是一个裸体女人，非常有魅力，一下吸引住了他，让他当时很是小小地破费了一把。但今天的触摸只在他潮湿的手上留下了青铜肌肤的冰凉。口碑载道的男人，声名藉甚的男人，也是孤独的男人……他又想起了罗曼在课上引用雨果的一句话："只为自己而活是一种病。自私是自我的退化。"这句尖锐的话使马西米兰非常愤怒，他不喜欢别人这样说他。难道每周工作八十多个小时是他的错吗？难道没空处理那些乱七八糟的、会吸走他全部精力的、让他筋疲力尽的杂事是他的错吗？

你们的生活就是你们所做的事情，罗曼再三强调。你们应该掂量掂量你们在所遭受的事情中应负的责任。

马西米兰带着几分讽刺地想起这些话：她一点都不了解他们的生活，就已经想要用他们生活的不幸来谴责他们了？

他无声地走到餐厅的大镜子前，看着镜子里的自己。

你们会看到，当你们擦去骨子里的雄性症状，你们会散发出正能量的光芒！当我们找到内心的平和以及生活的乐趣时，我们就会熠熠闪光。大度、创造力、爱……对他人和世界敞开心扉。当我们找到最好的自己时，这一切就会发生！

他的脸上带着这种光芒吗？他的眼中有这种闪光吗？马西米兰气恼地叹了口气。这有什么打紧？他知道自己并不缺乏领袖魅力，这是最重要的。为什么要换一种方式发光呢？

他一头扑到华丽的长沙发上，腿跷到茶几上。他欣赏了一会儿最高层不可思议的良好视野和巨大的玻璃窗，觉得心满意足。但无论如何，他心里有那么一小块地方招摇着一面旗子，想要吸引他的注意力。真的心满意足吗？心里有一个声音在冷嘲热讽。马西米兰不想被这种问题搅得头大，他突然站起来给自己倒了杯酒。他当然懂得享受生活！最重要的是，等到夜更深一点，他一定会拿出他的黄色笔记本，里面记了上百个号码，每个号码背后都有一个乐意帮他赶走忧郁的女人。她们会帮他赶走这种暂时的空虚感的。

　　只要不吝惜甜言蜜语和小花招就好了。

9

改变内心频率

核心思想就是，你希望得到什么就让自己先变成什么！

从几天前开始，罗曼就在小心留意着手机和电脑上的消息。但是什么都没有。马西米兰·沃格觉得没必要通知她一下是否要继续上课吗？无视？没有绅士风度？还是纯粹拖延症？罗曼倾向于认为这是 VIP 要大牌，他无法屈尊纡贵地遵从最基本的社交礼仪。虽然这没什么可惊讶的，但罗曼还是有些气不过，并且随着时间的推移越发生气。但她还是得粉饰太平，准备好和颜悦色地给其他学员上第二次课。让她意想不到的是，他们已经开始向"去雄性症状榜样"学习了，并且都如她所愿带来了良师益友的照片。罗曼微笑地看着照片中的各色人等。有好几个甘地、佛陀、耶稣，有一个约翰·列侬（因为他的和平歌曲）、马丁·路德·金、纳尔逊·曼德拉、特蕾莎修女，还有一个奥黛丽·赫本，因为她通过联合国儿童基金会帮助儿童。

"你们看起来都颇受启发，太棒了！"罗曼边说边把装进相框的照片挂到墙上。这样的积极参与多少抵消了马西米兰·沃格缺席造成的不快，她感到振作了一些。

然后有人敲门。真是说曹操……马西米兰出现在门口。所有人都安静下来看向他，对此他毫不意外。他就是那种每次出现都会让全场安静下来的人。他目光扫过人群，与罗曼四目相对，然后好像什么事也没有发生一样冲她微笑了一下，这让她不知所措。要作何反应呢？给他个钉子碰？也不能把他怎么样！当众给他讲一通道理？他一定会以牙还牙的。罗曼叹了口气，不得不好声好气地请他进来。对于他的无礼和迟到行为，她就睁一只眼闭一只眼吧。至少目前是这样。

马西米兰走到空座位上，脱下价值不菲的黑色外套，把它挂在椅背上，然后沉着地走向罗曼，无视所有投向他的目光。

他把一个小包裹递向她。

"这是我要交的照片，"他说，"非常抱歉我迟到了。一般来说我非常准时。但我被一件顶重要的事缠住了……"

要怎么回答呢？

"没关系，总会有这种事的。"罗曼咕哝着打开了包裹。然后她难以置信地睁大了眼睛。

"怎么……我……"

马西米兰冲她无辜地笑着，看着她拿出放着她照片的相框。

"我决定以您为榜样。您不会不高兴吧？"他一副逗弄的表情说道。

他在嘲笑她吗？她严重怀疑他的动机。他没有认真对待这个项目，并且找到了讨巧的方法。你想得太简单了，沃格先生！可能他见的都是些易被撩拨的女人吧。他显然还没搞清楚状况……

"您真是太可爱了，马西米兰。您把我和特蕾莎修女相提并论真是抬举我了，虽然我比她高 15 厘米。"

来吧！现在该用严肃坚定的语调说话了，罗曼！让他知道你决不让步！

"但是我觉得您好像并不想好好努力。"

"哦？是吗？所以？"

他露出一个嘲讽的笑容。她决不退让。

"所以我不管您要拿米歇尔·德鲁克神父，还是您祖母的照片，但下次我希望您一定要拿一个您真心钦佩的榜样的照片！"

笑容消失了。现在，商人正居高临下地审视着她。

"否则呢？"他气势不减地用目光表示怀疑。

其他人都紧盯着罗曼的反应。罗曼知道这关乎自己的威信。一个集体就像蛋黄酱，想要做成形，各种配料的比例必须合适，一个小小的差错都会功亏一篑……

"否则这个项目不欢迎您。"

这简直就像在罗兰加洛斯球场①。所有人都在等着到底是谁会赢下这一分。

罗曼看到马西米兰的眼睛生气地眯了起来。显然，他正在权衡利弊。

---

① 罗兰加洛斯网球场：网球四大满贯之一法网公开赛的比赛场地。

"您办事可真是强硬。"

"形势所迫。"

"很好，我会按您说的做，头儿。"

他突然换了一副大头兵的腔调。学员们笑了起来。罗曼暗暗琢磨。你可不能被牵着鼻子走，她对自己说。现在，马西米兰好像缩进了自己的堡垒，大门还从里面反锁了两道！得在他退缩前，让他自己找到钥匙。这个任务真是前所未有的艰巨……罗曼笑意未达眼底，悄悄叹口气，忧心忡忡，感觉像不小心吞了块口香糖。

看着马西米兰回到座位，罗曼不由自主地注意到他步态优雅，姿态潇洒从容。然后她要求大家安静下来继续上课。半个小时后，教室的墙上挂满了各种去雄性症状榜样的照片。这个临时展览是为了激励学员们追随新的指路明灯。罗曼激动地感谢了所有人的热情参与，这份热情非常鼓舞人心。

"你们要尽自己所能，每一天都让身边的人感受到您人好、心好、状态好。"罗曼说，她喜欢把自己的建议编成口号式的句子，起到洗脑效果，从而让人印象深刻……

但是她看到布吕诺皱起了眉头。

"罗曼，抱歉，但实话实说，我无法与您说的话产生共鸣，我没法感受到一个好撒玛利亚人①的灵魂。"

"好的，布吕诺。您说出您的感受是有道理的。很明显，我说的'人好、心好、状态好'是加引号的。我并不是让您变成皮

---

① 好撒玛利亚人是基督教文化中一个著名的成语和口头语，意为好心人、见义勇为者。

埃尔修道院长！我想说的是，就像我们要给植物加上支架好让它长直，善意和美好也应该作为你们行为的标杆，是一种大方向，您理解吗？"

布吕诺仔细记了笔记。可能他之后会重新读一读，以确定她的话到底是否可取吧。现在，要往下进行了。

"好了，上次我们说到雄性症状的十条伤疤。但你们的行为究竟对应哪一条呢？这是我希望你们在自我观察的过程中思考的问题。在什么情况下，这些雄性症状会显露出来？有没有什么引线？思考这些问题非常有意思。为此我给你们做了一个漂亮的本子，这是你们的雄性症状本。你们每人的小桌板上都放着一本。"

学员们拿起装订得精致的本子，封皮是黑色塑胶的，上面印着金色的字——"雄性症状本。"罗曼在本子上花了不少心思，她很期待看到他们的反应。

"好漂亮呀！"娜塔莉自发地赞美道。

罗曼在心里祝福这位年轻的联络员。有雄性症状的人是不轻易夸奖别人的，他们没有对别人表示认可的习惯……但是娜塔莉继续说道：

"我嘛，我想知道我是不是因为别人的雄性症状惹怒了我，才会表现出雄性症状。我来解释一下……我以前的那份工作……"

这是一个需要从头说起的事，她以前开会的时候总是表现得十分积极，会提出很多点子，让整个团队活力十足……可却落得被踢出去的下场！她不明白。难道她不应该是团队的一颗珍珠吗？她总是执行到底，时刻准备着……可一旦别人对她展现出恶意，她一定会亮出锋利的爪子，以牙还牙以眼还眼！

这个小姑娘没有意识到她的"我嘛，我"雄性症状，而且她还有一系列容易让人厌烦的行为，嗓门过大、声音过高、想要吸引所有目光、只做她感兴趣的事并让这件事占满别人的视线……罗曼深深地望着娜塔莉的眼睛。她的眼眸金光四射，折射出她躁动的内心，仿佛带着十万伏高压电。炫耀狂和精力过剩。

"您说得有道理，娜塔莉。雄性症状会激发雄性症状。但鉴于您只能改变自己，您也许可以通过改善自己的雄性症状来影响别人。"

"您能说得更具体一点吗？"布吕诺要求道。刚刚关注点全都放在娜塔莉的问题上，他对此有点不快。

"就以娜塔莉为例。娜塔莉，以您的情况来说，如果您能明白，与人相处时给别人留下更多的空间是非常重要的，如果您能多一些倾听，在交流中想要凸显自己的价值并不一定非得冲在最前面，您的对话者也会做出相应的改变，明白吗？"

娜塔莉粗重地吐了一口气。

"要怎么才能做到这些呢？"

"把课程上完，并且信任我。"

"那么我只想知道一下，您具体要怎么做呢？"

马西米兰在座位上不耐烦地跺着脚问道。

罗曼与他目光交会的时候不禁颤了一下。虽然他长相俊美，但丝毫不懂得宽容为何物。她从这个问题里感受到他沉重的期望，那是禁不起一丝失望的期望。

罗曼悄悄按着自己的穴位，以缓解压力，又深呼吸了一下。然后冲着马西米兰攒起一个微笑，这是她在这种情景下才会拿出来的独门法宝，这样的笑能让人丢盔弃甲。

"马西米兰，您说得有道理。那么我们闲话少叙，开始讲第一个能够帮你们改善行为的重要技巧——改变'内心频率'！我来解释一下，就像我们给收音机调台，你们也要学着在内心建立一个不一样的秩序，这种状态应该是平和、友善、宽容的。然后你们会看到，你们发射出的电波会不同于以往，你们和别人的关系也会出人意料地得到改善。如果你们发射出的信号充满攻击性，你们收到的反馈也是具有攻击性的。但如果你们发射出爱的信号，你们也会收获爱……核心思想就是，你希望得到什么就让自己先变成什么！"

罗曼的这些话好像在学员当中引起了一些反应。

"更重要的是，我会向你们证明你们发射的电波有多重要……请跟我来，我要向你们展示一些让你们大吃一惊的东西……"

罗曼觉得自己已掌控了听众。这一队人跟着她穿过 Q 势的走廊，走进标着"禅房"的房间。在门口，右手边有一个指示器发着绿光。罗曼转过身面对听众解释道：

"当红灯亮起意味着这个教室被占用了，此时无论如何不能进去！现在，我们可以进去……"

门里别有洞天，房间显得很神秘。后墙被改造成了人造山石和泉水，一个个小彩灯散发出柔和的光，一盏盏渐次熄灭然后变换颜色。墙上挂着一排编了号的照片。

"这是铝板印刷。"马西米兰像个行家似的说道。

罗曼被这么专业的点评震惊了，但她忍住没有表示赞赏。马西米兰已经够自信了。他仔细看着这些画，画面上是晶莹的雪花，肯定是用极高倍镜头拍摄出来的。马西米兰好像在细细欣赏雪花极丰富的形状,被它们的千姿百态所吸引。至少他还是懂得美的,罗曼想道。在图像下方写着一些字或短句,比如"爱和感恩""快乐""我能做到"……

在另一面墙上是一个设计大胆的书橱,圆形、半透明,有一种奇怪的吸引力,带来充满艺术感的视觉冲击。上面放着一些管子,管子里面注满了水,上面贴着一些用黑色笔写的字:"和平""慈悲""快乐""感恩"。从背面打过来的光使这件艺术品显得更加璀璨、引人注目却带有抚慰灵魂的力量。但罗曼感觉到学员们在疑惑这次奇怪的展览意义何在。

"你们现在在我们的禅房。你们也许想问这一切都意味着什么。我现在给你们解答!"

"确实,这样最好。"布吕诺突然说。

罗曼假装没听见,脸上始终带着女主人般的微笑。

"这个房间的设计是受到江本胜先生的启发。"

没人知道江本胜是谁,包括马西米兰。罗曼于是接着说:

"江本胜,是横滨大学杰出的替代医学教授,他曾和他的团队一起发现了通过摄影观察水结晶的方法。你们看到的墙上这些照片就是他作品的复制品。他发现震动会引起水结晶结构的改变。而且他还发现水对周围话语、音乐甚至是思想产生的能量很敏感!"

"这太疯狂了!"娜塔莉的声音回响在整个房间里。

有人不耐烦地嘘她。罗曼接着说:

"另外,在他之前,阿尔伯特·爱因斯坦和托马斯·爱迪生都提出过类似观点——当大脑发射出一个频率,周围的事物就会受到该频率影响。您马上就会明白我到底想说什么……看看您周围的水结晶照片。人对水说的都是积极的话语，水就组成美丽的图案。我要给您展示江本胜书中所举的反例，也就是那些暴露在负面语言或思想下的结晶，比如'恨''我做不到''绝望''筋疲力尽''愚蠢'，你们会看到结果有多么神奇，水结晶的结构遭到摧毁，残缺不全，非常丑陋……"

"那又跟我们人类有什么关系，又跟您刚才讲的内在频率有什么关系呢？"布吕诺插嘴道，他急于知道明确的答案，显然，这种理论跟他的笛卡尔式思想格格不入，他感到很不自在。

"关系就是，布吕诺，其实很明显，我们知道，我们的星球表面有70%都覆盖着水，成人的身体70%都是由水构成的，我们还知道，我们发出的震动对构成人体的细胞结构的影响……答案已经呼之欲出！这就是为什么通过江本胜的研究，我们注意到我们说出的话语、发出的震动，以及思想的质量是多么重要！每天，如果你有意说一些让人愉快的话语并且保持一种安泰友善的精神状态，你不仅可以由内而外改变自己，还可以改变周围人的生活……"

"这位江本先生是怎么做到给水分子拍照的呢？"

"这是个好问题，埃米莉。他把水滴置于话语或声音当中，然后滴入培养皿（就是实验室里用的那种小圆器皿）中，然后放到零下25℃的环境中冷冻。"

罗曼注意到马西米兰在偷偷地看手机开小差。虽然很恼火，但她接着进行演讲：

"3小时后，水结晶可以在显微镜下观测到，然后在零下5℃

的实验室里，在化掉前快速拍下来。简直不可思议……是不是，马西米兰？"

马西米兰吓了一跳，好像有点尴尬，一边表示同意，一边在口袋里滑动着手机屏幕。

"那么最终，这个房间是用来做什么的呢？"他提了个问题，以转移注意力。

"正如它的名字，禅房是我们给学员用来放松和开始学着体会静心与冥想的好处的地方。为了不被打扰，你们可以按下这个按钮。"罗曼指着按钮说。门外指示器亮了红灯。

"哦哦！这可是个实用的好东西，让人更想好好使用禅房，但目的可就不一定那么禅了！"

马西米兰的言外之意让所有人笑了起来，除了罗曼。她暗恨自己找不到反驳他的话。有时候，或者说很不幸，是经常，这种麻烦让她失掉了平和的心态。她愤怒地离开了房间，想到此时自己身体里的水结晶一定是七零八落……

10

可怕的 "为了你好"

> "为了你好"也是一种雄性症状。这类人通常以好意为借口，
> 借助自己的权威，将自己的看法强加于人，好像自己的方法才
> 是唯一可行的。

几天后，罗曼吃惊地发现埃米莉提前很早就到了。从她的黑眼圈和红眼眶看，有什么不好的事情发生了。

"早上好，埃米莉，您好吗？您想跟我谈谈吗？"

"早上好，罗曼。是的，我想跟您谈谈，如果您有空的话……"

"请跟我来，咱们去房间里好好聊聊。"

埃米莉跟着她进入走廊，微微弓着背，好像背负着沉重的悲伤。

"请坐。"罗曼温和地说。

罗曼引导着她慢慢说，她斟词酌句，面带惭色。此时的埃米莉摘下了女强人的面具，罗曼看到她的嘴唇在颤抖，好像要哭出

来了。

"我刚刚接到德尼·贝尔纳探员的电话。他们找到了我的儿子托马斯……"

"啊，好消息！"罗曼高兴地大声说，但又对埃米莉的一脸丧气感到不解。

"两个月前他叔叔让他住到了家里……两个月了，您能理解吗！"

"嗯，我理解……但是如果您知道他在哪儿了，事情不就简单了嘛！"

埃米莉的面部表情剧烈变动，充满了愤怒。

"一点也不简单！您不明白！他坚决不肯回家！他甚至不愿意……跟我说话！"

她拼命抑制着抽泣。

"哭出来吧，如果这样您能好受一点……"

"哭并不能让我儿子回来！"

"但哭至少可以让您轻松一点。情况没有您想的那么糟。"

在罗曼温柔的鼓励下，埃米莉终于允许自己哭出了几滴眼泪。罗曼把手按在她的前臂上，表示对她的支持。

"这一切，都是我的错！我为他规划好了光明的未来！我想要逼他和我走同样的路，学一门有前途的专业，我没有看到他不可撼动的天性……"

"他的什么天性？"

"他想当……厨师！您能想象这对我们这样的家族来说是怎样的耻辱吗？"

"这怎么是耻辱呢？"

"您显然不明白我们家族的立场……"

"如果您的儿子不介意，我敢保证，长远来看，所有人都能理解的……"

"我不知道……我很担心。"

"目前来看，您的担心毫无根据。"罗曼和善地笑道。

"我收到了这个，您让我怎么不担心！"

埃米莉狠狠地戳了一下手里拿的一张纸，然后递给罗曼。这是托马斯的一封信。

妈妈：

不，我不会回去。我再也受不了你时刻想要控制我的人生，你替我做出我不愿意的选择。我们是不一样的人。为什么你要强迫我像你一样？你什么时候才能不再控制我？你没法决定我是谁，也不知道什么才能让我快乐！结束了，妈妈。我的人生我做主。我不会再任你挥霍我的生命，用来满足你那植根于资本主义家族的小小自我。你想把我按到你的模子里去。但是我从来不想这样！我要自由！

你放心，我很好。我吃穿不愁。我不会回家的……我希望你明白。而且，就算你不明白也不会有什么差别。再见。

托马斯

罗曼看着埃米莉灰白的脸色，明白了她为何如此悲痛。

"他为什么要这样逼我？我难道不都是为了他好吗？"

　　这就是问题所在，"为了你好"也是一种雄性症状。这类人通常以好意为借口，借助自己的权威，将自己的看法强加于人，好像自己的方法才是唯一可行的。面对这种只想对你好的人，你又如何招架？他们觉得自己在为你考虑，坚信自己是对的，不遗余力地要求你达到他们的期望。哪怕要把方的削去棱角变成圆的，他们也不觉得自己错了，最后这种"都是为了你好"的心态只会造成更大的伤害……

　　这就是埃米莉所做的，她儿子的话一定把她伤得体无完肤。

　　"平静一下，埃米莉。您的儿子是气急了才这么说的。您应该看到他激烈言辞背后的苦恼。当人不知道如何表达自己的时候，往往会采取一种充满攻击性的口吻……"

　　"那我们要怎么办？"

　　"首先您要把问题交给时间。您安心上完我们的课程，那时您会更明白为什么要这么做。之后，相信我，一切都会好的。"

　　埃米莉感觉她的话说到了心坎里，于是稍稍平静了下来。罗曼在她眼中看到了决心。毫无疑问，这位母亲会为了赢回儿子的信任而努力。她只希望这个过程少一些坎坷……

11

你不是世界的中心

当你意识到自己不是世界的中心时，你才能正确认识自己。

罗曼快速停好车，瞥了一眼停车位的编号。她从后备厢里抓起一个背包，背包里塞满了上课要用的东西，然后快速来到出口。她把见面地点约在一个她非常喜欢的地方——位于列特的科技城，地处巴黎的门户之一。她喜欢这个地方，不论你处于哪个认知水平，每个人都可以在这里发现科学技术的魅力。罗曼对自己准备的这次课程很满意。她看到他们都到了，正在入口处逡巡。每个人都到了吗？她看过每一张面孔。尤其是那位，终于看到了……她感到心里揪了一下，不由自主地将背包抱得更紧一些，好像这样可以获得更多勇气一样。

"大家好，"她用轻快的语调说，好让自己忘掉紧张，"你们好吗？准备好新的一课了吗？"

"我们要去哪里？"布吕诺用怀疑的语气问道。

"惊喜！跟我来！"

"一直走到世界的尽头！"马西米兰用半嘲讽半魅惑的口气说道。

是她自作多情还是他要打魅力牌了？还是骗别的小女生去吧！这种男人惯用的小把戏她已经有免疫力了……或者说差不多有了。有一段时间，在她和皮特·加德纳结婚前，她真的像一块专门吸引雄性症状者的磁石！如果方圆 100 米内有这样一个人，那一定会找上她！她能清楚地辨认出他们身上的雄性症状特征，然后眼看着他们从远处向自己走来……这就要说到她的矛盾之处了。她选择把毕生心血奉献给消除雄性症状的事业，但总是兜兜转转回到原点——被有雄性症状的人吸引。要知道，她喜欢他们性格中粗粝的部分，还有他们鲜活的个性。当她好不容易下定决心嫁了一个像皮特·加德纳这样没有丝毫雄性症状、温和、友善、耐心的男人，她很快就感到无聊得要死，并被这段关系搞得无精打采。虽然皮特简直就是完美男人的化身，但和他在一起，罗曼就是找不到激情。自己的内心自有一套道理……她为此痛恨自己，直到今天她还在想自己是不是与完美伴侣擦肩而过了。

但是为什么在她走在马西米兰旁边的时候，这些想法就全都涌进了脑海呢？只消往那边看一眼她就找到了答案——如此带有磁性的魅力怎会让人无动于衷。马西米兰·沃格可是从一开始就在跟她唱对台戏！她应该很想跟他保持距离才对，但是恰恰相反，她感受到一种难以忽视的吸引力。罗曼无法解释这种矛盾的感觉。她不可救药地想跟他较量一番，想看着他节节败退……可能是为了赢得什么？赢得什么呢？罗曼觉得要小心了，头脑中响着警报信号：小心，危险，保持距离，否则就会……她太明白对一个雄性症状者太感兴趣会有什么风险……心灵是很敏感的，要克制。而且要准备好甲胄，武装好自己。所以罗曼就举着虚拟的盾牌，带着超脱的态度靠近了马西米兰，准备开始斗智斗勇——看看他寻找导师的任务完成得怎么样。这回可不能让他轻巧地躲过了。

"那么，心灵导师找好了吗？我希望您还记得要带来他们的照片吧？"

"找了，但是没带到这儿来。我可不想负重参观，您说对吧？"

总有话说，是吧？罗曼很难藏住她的愤怒。马西米兰没理由搞特殊。她以自己的名誉担保一定要让他完成他该做的事情。该服从命令的是他。她不会后退一步。

她下了最后通牒。

"马西米兰，我是认真的，你下次务必把照片带来，听懂了吗？否则……"

"否则就不要继续待在教室里，我明白了。"他微笑着一副举手投降的样子。

一个人怎么可能让人既绝望又心动？罗曼有意识地采用强硬的态度逼迫马西米兰·沃格跟上大家的进度。不可能让他就这样混在班级里随心所欲。她得打消他的疑虑，让他停止挑衅。他所有唐突的行为都在妨碍着她课程的推进，让她的工作更有挑战性。我不会失败的，罗曼这样想着，没注意到她依然走在马西米兰旁边。

学员之间开始建立起联结。让人意想不到的是，埃米莉和帕特里克这两个处在完全不同社会阶层的人走得很近。埃米莉是贵族，而帕特里克只是行政部门的普通职员。但他们有着共同的痛苦——他们两个不都眼睁睁地看着他们所爱的人因为无法接受他们的行为方式而离开了他们吗？帕特里克和埃米莉小声说着知心话，两人都压低了声音，互相倾诉着难以启齿的心事，他谈他的妻子，她谈她的儿子……

布吕诺在喋喋不休的娜塔莉身边却一句话也插不上，她不停地说着自己在办公室里的种种遭遇。布吕诺好像对他们之间的对话备感痛苦，这大概使他想起了今年他在由女性组成的团队里经历的一切。她们是不是永远不会停止抱怨？他皱起来的脸好像在如是说。

罗曼观察着他们，心里暗暗记下应该如何帮助他们改变待人接物的方式……

这队奇怪的人来到3楼的天文馆。

"我们来这儿干什么？"布吕诺低声抱怨着，心情很糟糕。

"你们会看到一个关于宇宙奥秘的影片，"罗曼说道，"之后我会请你们参加一个主题活动。请进，找个座位坐下……"

放映室已经快坐满了。只剩一排空座位，一行人坐了下来。罗曼到后台和早就认识的放映师兼科技讲解员打了个招呼。当她回到放映厅的时候只剩下一个空座位，在马西米兰·沃格旁边。

罗曼想把巨大的背包放到两脚之间，笨手笨脚地把马西米兰的大衣和围巾碰掉了。她觉得很尴尬，当他弯腰帮她一起捡东西的时候，她突然感觉一阵燥热。

"不好意思……"她含含糊糊地说。

"没关系。"

当他把东西放回身边的时候，马西米兰的手擦过了罗曼的手。这个年轻姑娘抖了抖。她没想到一件大衣竟然像带了电一样……她让自己陷进座位里，再也不去看他，任由自己被黑暗包裹，好像在他们两人的座位之间留出星际的真空，而她小心地不去扰乱这片真空。

电影开始播放了，在他们眼前，宇宙展现出了它的几副面孔。尽管罗曼已经来过好几次了，她仍然感到目眩神迷。这个拱形放映屏幕制造出了神奇的效果，仿佛让她找回了童心，像个小女孩一样眼里闪烁着光芒。她舒服地坐在扶手椅里，尽情欣赏着电影画面。讲解员解释说一个星系里有一千到两千亿颗星星，整个宇宙可能有一千亿个星系……这难道不是一个叹为观止的数字吗？在宇宙面前人类是如此渺小……这就是罗曼想让学员们体验的，一个接一个的天文数字给人电击般的刺激，让人重新思考自己在宇宙中的位置。这些360°的巨幅影像能起到预期的效果吗？

然而，在影片放映过程中，马西米兰不断地用眼睛瞟她，让她很不自在，所以当灯重新亮起来的时候，罗曼舒了一口气。大家乱糟糟地收拾着围巾帽子，挨挨挤挤地走向出口，舒展着麻木的四肢，交流着感想。很明显，学员们对星系的浸入式影像感到挺满意。

罗曼给大家指了去往活动场地的方向，建议大家先进行20分钟的茶歇，再继续后面的活动，所有人都欣然同意。

12

你是自己内心的中心

要想扩大对外在世界的认识，必先认识自己的内心世界！

    马西米兰和其他人一起来到 -1 层的咖啡厅。他此时非常需要一杯咖啡。说实话，他对刚才的电影毫无感觉；更何况，罗曼离他那么近，这使他走神得更厉害。他感觉到她……在他旁边很不安！他有点难以集中注意力。房间黑下来以后，他对那些移动的星球无动于衷，倒是罗曼不断摆动、交叠又放平的双腿吸引了他的注意力。另外，比起思考自己在宇宙中的位置这一严肃的存在问题，他觉得猜一猜罗曼的裙子下穿了什么样的内衣更有意思，那条裙子对这种正式场合来说太短了。他们的手碰到一起的时候，他感受到了她的慌乱。是因为他惹恼了她，还是吸引了她？他不确定，但这却使这个项目更有意思了，到目前为止，他始终对这套课程持保留态度。

在咖啡厅，学员们不停地点餐，可怜的服务生被轮番轰炸。不得不承认他们这一拨人确实带着明显的雄性症状痕迹，大嗓门、动作夸张、犹豫不决、想法多变。马西米兰向帕特里克投去不满的一瞥，他点了三个巧克力面包，这肯定不够他填饱肚子。他的将军肚表明他是一个意志薄弱、缺乏自控力的人，马西米兰就怕这种人。一个人怎么能任由自己胖到如此地步呢？

"我看您胃口不错嘛……"他还是忍不住说了出来。

帕特里克耸耸肩，一副"关你屁事"的样子。

"可不能亏待自己的肚子，又不是杂志封面的小妞！对了，您把您的企鹅放哪儿了？"

"我的什么？"

"呃，您的企鹅。您万能的穿得像只企鹅的男人，就是老跟着您的那个。"帕特里克冷笑着。

"太逗了。"

这个家伙真可悲。

"来嘛，跟我说说到处跟着个奶妈是不是挺不好受的？"

帕特里克冷笑着使劲在马西米兰背上拍了一下。

"这是幽——默！"

然后他走开了，嘴里塞满了点心。

见识了，这就是阶层，马西米兰咕哝着，该他点餐了。

"请给我来一杯双倍特浓咖啡。"

柜台后的姑娘大概是个新手，看上去有些紧张。马西米兰不由自主起了捉弄之心，又补充道：

"不，不要精糖。要甜菊糖。两小包。哦，要美式，"他用与生俱来的领导者神气点着单，"您忘了小勺子……"

其他人也同样镇定自若地点着餐。就像马西米兰预料的那样，服务生面对这样密集的雄性症状有点手足无措。她想尽量显得不要那么慌张，每个动作都要用很长时间。

"她真慢啊！"布吕诺叹着气。他向马西米兰俯下身子，一副跟他交心的样子，"您一定明白这种感觉吧，您也是经理。您也注意到了吧？女人在工作的时候稍有压力就会惊慌失措，不是吗？然后她们就会非常沮丧，开始哭哭啼啼，这了那了的，动不动请病假……倒霉的到底是谁？是老板，一直都是这样……您团队里的女人也是这样吗？"

马西米兰错愕地呆了一瞬。他对女人的看法真是……友好啊……要怎么回答呢？

"呃，没有啊。我觉得不完全是这样……但我想这种事确实时不时会发生……啊！您的饮料好了！"

最好趁早结束这种不投机的对话。而且干吗要费劲劝服一个这样的人呢？又跟他没什么关系……

"走啦！咱得快点，要迟到了……"

马西米兰跳了起来。他很讨厌别人用这种腔调跟他说话。但是显然，城堡女主人埃米莉已经把自己当成计时员，像个童子军领队一样集合队伍，就差说如果咱们两两一组逃离这里，我们就有机会……

五个人都快步朝集合地走去。

罗曼让房间的门开着。显然，她用茶歇的时间，不慌不忙地布置好了教室。娜塔莉代表所有学员给她带了一杯茶和一块点心，罗曼报以微笑。

马西米兰正要坐下的时候，帕特里克突然在他鼻子底下抢了那个座位，还说了一句"可以吗"，但无论如何他已经坐在那里了。很明显，他们是没法和睦相处了。想到自己经受了"大肚子帕特里克"的负能量脑电波，马西米兰叹了口气，走到教室另一边坐下来，开始观察桌子上的教学材料——小木棒、大小不一的泡沫塑料球、胶水、马克笔……第一节课的脑筋急转弯好像是给小学生的题目。今天他们要做幼儿园手工……真是越来越精彩。

在学员们疑惑的目光中，罗曼开口了。

"今天，我把你们带到这里，并且让你们观看了这部体现你们在宇宙中的位置的影片。鉴于你们的履历，我觉得这种嵌套关系很有意思。我来解释一下，当我们有雄性症状的时候，我们容易以自我为中心，觉得自己是世界的中心。刚刚天文馆的影片是想让你们记住我们的渺小，我们是活动在无限大的空间里的无限小的点……而且最终不过是星星的尘埃！这难道不足以使我们保持谦卑吗？"

学员们回味着她的话。她现在是不是想让他们行个跪拜礼，以体会一下什么是谦卑？她确实做得出来，马西米兰不无讽刺地想道。

有人敲门。

"请进。"

"加德纳女士？这是您要的地球仪。"

"啊，太好了，谢谢。"

工作人员把东西放到桌子上，然后默默离开。

罗曼用修长精致的手指拨动着地球仪，然后用一种播音员的腔调接着讲话，大概是为了更好地吸引学员们的注意力。

"世界，你们的世界，和你们邻居的世界是不一样的。要知道，每个人都是用自己的方式看待这个世界的。因此，如果你们觉得自己的观点才是最好的，你们就会遇到很多沟通和交际上的困难。要想扩大对世界的认知，你们要改变观点，多关注别人，换位思考……但在那之前，你们要清楚自己的世界是什么样的！这就是我要让你们做的，接下来的这个练习叫作'世界中的我的世界'。"罗曼走到桌子旁边，开始解释桌上各种物件的用法。

"你们可以用这些泡沫塑料球做出一个象征你们个人世界的模型。比如，中间最大的球代表你们。因为目前来讲，在你们的系统里，你们处在中心。然后就像太阳系，你们把其他人像行星一样放到周围——或大或小，或近或远，这要看他们在你们生活中的重要程度。然后用马克笔把这些人的名字写在球上。接下来你们可以用小木棒把这些星球连接起来。我给你们一个小时。创作愉快！"

学员们不无困惑地走向他们的材料。马西米兰毫不掩饰自己的满腹怀疑。他们摆弄着球，看一看，滚一滚，就是不知道该从何下手。有人在角落里扑哧一声笑出来。帕特里克倒是毫不犹豫地用一根小木棒串起两个球，形成一个再简单明确不过的模型。他的大脑和肚子真是太不成比例了……

"请大家专心一点，谢谢！这个练习没那么简单，需要大家好好自我反省。我建议你们在草稿纸上画画草图。"

罗曼发了一些白纸和铅笔。房间终于安静下来，因为学员们终于进入状态。马西米兰胡乱摆弄着大大小小的球，与其说在认真思考，不如说他在胡思乱想。他抬眼望向罗曼，看到她正在小口啜着茶，啃了一点小面包。她发现他在看自己的时候从唇边擦去了一点面包渣，然后在他饶有兴致地注视下皱着眉头把牛角包包好收了起来。她开始围着桌子转圈，看着学员们做手工。她说这个练习并不像看起来那样无聊，很快就能让人看出是哪里出了问题，在生活中，人与人的关系有哪些不和谐、不平衡，练习过程可能会或多或少激发一些情绪。

马西米兰没感到有什么特别的，但他惊讶地发现其他人好像都有所触动。他们怎么能这样不懂得控制情绪，尤其是在一群陌生人面前，他们不会不好意思吗？城堡女主人埃米莉是第一个表现出内心波动的。她把写了她儿子名字的球放到代表她自己的球旁边，两个球紧紧地贴在一起。中间没有距离，没有空隙。埃米莉应该是认识到了自己在竭尽所能地控制儿子……她抬起泪光点点的眼睛望着罗曼，希望得到一些安慰。她这是在乞怜吧？马西米兰刻薄地想道。

"太棒了，埃米莉，"罗曼鼓励道，"您尽可以把此时的感受写下来。很棒，继续吧！"

多贴心啊，马西米兰想道。不知道的还以为我们在亲亲熊的国度里呢！

罗曼来到帕特里克旁边。他做的模型和埃米莉差不多。他把妻子放了正中心，代表孩子的两个球很小，放在很远的地方。他发现妻子对他有多重要时,似乎颇受震动。"大肚子帕特里克"到底长没长心啊？马西米兰不难想象此时钻进帕特里克脑海的问题：他怎么会对一个他这么深爱的人这么不好？显然，这个问题让人有些笑不出来了……

罗曼接下来看到了机器人先生布吕诺的作品，看上去像一个自给自足的世界。一个超大的球放在中心，代表他自己，在很远的地方有十来个小球，上面没写名字，应该是他团队里的女性，他甚至觉得没必要把她们的名字标上去。

"那个，布吕诺？您一个名字都不写吗？"

机器人先生耸耸肩。

"没必要，这些是办公室里的人……她们对我的生活并不怎么重要。"

"但您一定有家人吧？父母呢？"

"他们去世了。"

冷漠。马西米兰听着这些对话，比起费心思考如何弄出一个模型，他觉得这些对话更有意思。

"朋友呢？"

"没空。"

"那么，真的是一个人也没有，一个也没有？"罗曼坚持。

漫长的几分钟过后，一个新的球终于出现在他的星系里。阿斯特蕾，他解释道，一个好久没见的姨妈。小时候他母亲总是一出门就是好长时间，也不告诉他到底去做些什么，他就待在姨妈家，姨妈总是给他做小蛋糕。

"我不知道我为什么把她抛在了脑后，"布吕诺低声承认道，"她一直对我很好。"

有人要哭了！马西米兰想道，半嘲笑半感动。

"您的这位姨妈阿斯特蕾对您来说就像普鲁斯特的马德莱娜。她让您记起童年的香气和无忧无虑的生活。这些回忆里星星点点地点缀着幸福。这太棒了，布吕诺！继续往这个方向想。"罗曼鼓励道。

布吕诺的表情发生了变化，变得更平和、更温柔……虽然马西米兰是个怀疑论者，他此时还是要承认罗曼很有一套，他开始好奇她会对下一位学员给出什么评价。

娜塔莉的作品和布吕诺的很像。一个大大的球放在正中间，几个无名小球散落在旁边。娜塔莉嗓子发干，言简意赅地介绍了几句。她承认自己可能确实只给别人留了很少的位置，马西米兰觉得这种坦诚简直是不知羞耻。她没结婚也没有孩子。代表家人的球在比较远的地方围成一圈。对于同事，她更是不怎么关心。朋友都厌倦了她的自我中心，渐渐离她而去。她总想成为别人关注的焦点，让身边的人感到透不过气，她没有留给他们存在的空间。感情生活一塌糊涂。当然，她的长相是讨人喜欢的，但是她太强的个性让男人望而却步，她充满攻击性，总是走极端……你需要所有的一切都是你的，大家经常这样说她。渐渐地，她身边再无一人。这是一个熟悉的模型，马西米兰想道。但就目前看来，他一点也不想好像第一次照镜子一样充满惊奇地看清楚自己的内心。就像娜塔莉，她现在好像被抽了一鞭子，这个练习使她明白了自己的处境，这些球就像堵在她的喉咙里……罗曼把手放在她的肩上以示安慰，温柔地跟她说话。该轮到他了，她对他也会这样吗？看到自己手中毫不用心的模型，马西米兰对此深表怀疑。

现在，罗曼看向了他的作品，完全不明所以。

"这，这，这是什么呀，马西米兰？要我说……是一串烧烤！"

这个商人的确心不在焉地把几个大小不一的球穿在了一根小木棒上。他毫无诚意，无所谓地说：

"我没什么想法。"

马西米兰可以肯定，罗曼已经在心里破口大骂了，她正在竭尽全力地拿出职业素养不让自己爆发。压抑的怒火让她别有一番风情。然而，一听到她充满讽刺的声音，他的脸就皱在了一起。

"您说出这种话可真让我惊讶。"

干巴巴的语气难掩愤怒和失望。

"哦！我应该把您的话当作表扬吗？"他小声说。

他很喜欢逗她玩。罗曼叉着腰，显然准备向他发飙，但好像又控制住了自己。她的腰身扭动了一下，尽显女性柔婉，双眼像准备发动进攻的小猫眯成了一条缝。天哪！马西米兰想道，她是要和我针尖对麦芒了？

"太遗憾了！我本来以为您会让我大吃一惊的……"

然后，她俯身在他耳边压低声音说：

"在我的项目里，不能进入游戏的人往往都是输家。虽然我的想法可能很好笑，但是……我觉得您不是个会输的人！"

空气中好像有电光火石啪地一闪！马西米兰没想到她竟敢这样对他说话。她想以其人之道还治其人之身，故意激怒他？她的大胆并没有使他不快，虽然他不习惯这种被狠狠刺到的感觉。

"我允许您重做一个。"她漫不经心地走开。

马西米兰盯着她的背影，为自己竟然被激怒而感到很恼火。

其他人陆续掏出手机给自己的作品拍照。

"恭喜大家。我知道要认清自己的世界是什么样子，以及认清自己和他人的位置不是一件容易的事。但这样的努力没有白费！这个练习是你们自我认知的第一步。现在，我希望大家能够更进一步，咱们尝试一个新的实验'座椅交换'……"

天哪，她要干什么？马西米兰担心地想道。

"什么？"帕特里克大声说，他一定很不喜欢自己没有接触过的东西。

"座椅交换！想法很简单，就是试着用您身边的人的方式度过一整天，这样您就会更理解他的视角，还有他在有雄性症状的您身边都经历了些什么！这样的体验对您的改变非常有帮助……"

学员们陷入一片尴尬的沉默。马西米兰假装没有在听，继续摆弄自己的塑料球作品。罗曼提醒他听讲，他终于抬起了头。

"那么，谁愿意试一试呢？"

学员们面面相觑，没人急于尝试这个一听就让人感到不舒服的活动。罗曼用目光审视着每一个人。城堡女主人埃米莉第一个表示她愿意尝试。为了向儿子证明自己可以改变，她什么都愿意试一试。在自尊心的作用下，其他人也纷纷举起了手，想要证明自己并不害怕迎接挑战！只有马西米兰和布吕诺仍然没有表示愿意。

罗曼盯着他们，显然希望事情出现转机。机器人先生一副拒不合作的样子。他也狠狠地盯着罗曼。他待会儿可能要和罗曼来一番唇枪舌剑吧……罗曼的目光和马西米兰的相遇了。眨眼三次。他不相信这是他会做的事——这真的是他吗？他举起了手，就像一条听从舞蛇人指挥的蛇。是谁让他自愿参加这样一个让人像个白痴一样可笑的游戏的？只能说罗曼成功地刺激到了他男人的自尊。他不想让她以为他退缩了、害怕了，或者产生其他类似的错觉……

罗曼小小的得意之色使他很恼火。马西米兰感到有什么东西不受他的控制了，他不喜欢这种感觉。在剩下的一个小时里，罗曼都在解释这个实验如何实施。她把一些东西摆在桌子上，很像是一套秘密监视设备——带着微型话筒的小摄影机。

她去哪里搞来这些东西的？糟糕的 B 级片场？

"为了更好地进行体验，我建议你们用这套设备把你们的一天拍下来！这样，我们就可以在下一节课一起更好地汇报了。"

学员们一副不太放心的样子。

"我们要和谁'交换座椅'呢？"娜塔莉问道。

"或者在取得他人同意的情况下和你们周围的人，或者和其他学员……我们一起来讨论决定。"

学员们大声发着牢骚，他们都很担心。只有娜塔莉一副开心的样子，不由自主地夸口。

"我嘛，我很喜欢这种练习！我一直很擅长演喜剧……"

"我嘛我小姐"又出招了！马西米兰想道。小组的其他人也都不满地看着娜塔莉。这时她才意识到自己又忘记了要保持谦卑……学员们又是一串连珠炮般的问题和抱怨。

"别担心！尤其要注意不要想去控制什么，顺着事态走。仅仅把自己当作一个观察者。"

这次课程结束，大家在收拾东西的时候尽量不表现出内心的担忧。打肿脸充胖子，雄性症状使然。学员们一个个向罗曼告别，只有布吕诺从她面前经过时拒绝对视，整个人都带着低气压。马西米兰就在他身后，无意中发现罗曼在悄悄深呼吸。我敢确定别人对她使坏脾气时她很不自在。而她却早已在生意中习惯应付难缠、有个性的客户，处理这种事几乎是他生活的全部，她早就成了行家。现在是我可以教教她的时候了，他得意地想道。罗曼在想事情，没有发现他靠了过来，吓了一跳。

"啊，马西米兰……怎么样？对这个练习，您感觉还好吧？"

"我想，是的……"

"模型呢，怎么样？你做出点什么了吗？"

"我开始弄了，是的。"

"您想花 5 分钟让我们一起看看吗？"

"不好意思，我没时间……"

小姑娘好像被气着了。但他并不打算讨好她！

"您请便。那么，下次课见。我们会再联系您，落实'座椅交换'的细节。"

"好的。下次课见，罗曼。"

走开前，马西米兰居高临下地丢给她一个小眼神，一副"还有什么招尽管使出来"的样子。"奸计"没有得逞，他有点沮丧。显然，罗曼·加德纳已经全面开启了"防捉弄雷达"……

司机在街角等他。

马西米兰迫不及待地钻进汽车，终于放松下来，让迪米特里载他回办公室，他还得处理几件紧急要务。这位公司领导再一次下课后心绪难平，这是他没有想到的。一开始他只把她当作一个普通的漂亮女人，很吸引人，让他愿意献殷勤，就像对其他漂亮女人那样……今天，他不得不承认，在她身上发现了其他东西。他还说不出到底是什么。她那种让他们这些有雄性症状的人认清自己的方式、她的温和又坚忍、宽容又坚定都很惊人。在这方面她真的很强。其他学员的坚硬外壳好像很快就碎裂了。马西米兰看到有人在做模型练习时眼含热泪，对此他感到很震惊。

她怎么也不能把我逼到这步田地，马西米兰想道。对他来说，从最柔软的童年开始，他就已经习惯了另一套体制。在沃格公司，友善是最没用的。父亲的形象浮现在他脑海。这个男人总是强调力量和强硬的重要性。他是那种认为强硬比鼓励更能带来效率的人。友善可不能使一个男人成为真男人。完善的压力体系和必要的惩罚措施才是取得成果的制胜法宝。他儿子的成功验证了这一理论的有效性，马西米兰略带苦涩地想道。有多少次他感觉自己受到了父亲精神状态的负面影响？他被影响到了什么地步？一条短信打断了他的思绪。又是朱莉发来的。短信里处处透着责备的意思——他又忘记回复她了。马西，你在哪里？我觉得非常难过……我需要你。给我打回来！朱。

马西米兰感觉到了她的沮丧，但他也暗暗埋怨她总是处理不好自己的事情。她难道不明白他肩头的担子有多重吗？他对字里行间的指责感到难以接受。我又不会分身术！他感到自己要被一堆需要处理的事情压垮了，他很想有一会儿时间，只要一会儿，按下"暂停键"，让别的什么人来照顾照顾他，而不是一直充当别人的支柱……他疲倦地叹了口气。

"您还好吗，先生？"司机担心道。

"嗯，挺好的，迪米特里，谢谢关心。"

他无论如何也不会向司机展现真实的精神状态。他开始编辑回复朱莉的短信。该说些什么呢?

朱。这几天会非常忙。但我保证,咱们很快就能见面。我了解你的,我的小美人!你有的是办法……所以,打起精神来!下次我带你去个超级棒的地方吃晚餐。保证。

马西米兰正要按下"发送"的时候,手机突然响了。是克莱芒丝,他的助理给他带来了一个坏消息。英国市场情况不大乐观。客户对上一单不太满意。他必须尽快摆平这件事。

"我马上。"

他生硬地挂断了电话,想到将有一番唇枪舌剑,他机械地把手机放到了衬衣口袋里……

13

"座椅交换"实验

光靠头脑去想是无法理解别人的，有时候，你必须亲自去体验别人的生活。

罗曼挺高兴自己终于回到家里。这个下午使她筋疲力尽。她对自己的去雄性症状项目非常投入。她父亲肯定会说她太把事情放在心上了，这么说没错。她给自己做了点加餐，准备好好享受一下这一刻的闲暇。总体看来，她对学员取得的进展相当满意。她看到了在大多数人身上取得的初步成果。除了马西米兰和布吕诺。她咬了一口面包片，上面涂满略带苦味的橘子酱，她想到了马西米兰——他真是让人难以捉摸。他什么时候才能认真起来？他在做练习的时候那副无所谓的态度真是气人。刚才，人都走后，她去看了他的作品，感到很困惑。他为什么把放在中间代表自己的大球切成了两半？两半球被小棒穿在一起，但相互之间离得很远。这个模型太奇怪了……她使劲想也想不出个所以然，对自己无法解读出他的作品感到很沮丧……

　　现在必须明确一点，她已经把他的事当成自己的事，一定要成功改变他，她绝不接受失败。她明白强扭的瓜不甜，要他自己开窍才行。但她不管这些，而是握紧拳头，下定决心，不管付出什么代价也要成功。有些不怀好意的人指责过她，说她也有雄性症状倾向，罗曼清楚，自己确实离完全摆脱雄性症状还差得远。这确实太难了。如果她不能实现自己改造马西米兰·沃格的目标，她确实会非常愤怒。是自尊心爆发的缘故吧？显然是这样，虽然这不是唯一的原因。她在他身上隐隐约约看到了突破口，这让她很好奇，更想敲碎这层外壳，看看永远把握着分寸的完美商人的外表下隐藏着些什么。她最终一定要敲掉他内心的锁，否则她就不叫罗曼·加德纳！这种激动人心的职业挑战可能使她忽略了事情的另一面——马西米兰·沃格对她的吸引力。她倾心于充满雄性特征的个性一直没变吧？她得注意保持距离，得不惜一切代价表现得专业一点。而且最近几个月，她好不容易在离婚后找回了平衡感，让内心重归平静。事实上，罗曼丝毫不想让什么人来打破这种平静。天知道马西米兰·沃格这样的男人会不会又让她心里长草……他是个危险人物，可能会在不知不觉中打开潘多拉的魔盒，扰乱她的情绪。罗曼一想到这里就瑟瑟发抖。她喝了一口茶，做个了鬼脸——她忘了把茶包拿出来。她站起身，走进厨房加了点热水。

　　布吕诺又突然闯进她的脑海。他离开科技城时一副怒气冲冲的样子。她不能任由他和自己僵持下去，不能让任何一个学员如此不满。没有别的办法，她得给他打电话。她得使劲鼓足勇气，因为她害怕冲突。电话里响了4声，布吕诺接起了电话。

一座冰山都更热情些。罗曼请他说说心里话。她得让他放松下来，只有这样他才能把怒火像泥石流一样发泄出来。他确实愤怒得口不择言。

让人置于这样一个尴尬的境地简直不能原谅！这让别人怎么看他？都是她让他看起来像个懦夫！但是，她得明白，他不可能过一天他同事的生活，他一点也不想在她们面前失掉威信！如果他不幸这么做了，那么那个由女人组成的团队就不再听他指挥。一个经理就应该扮演好自己的角色，受人尊重！句号，没什么可说的！

罗曼把听筒拿得远一些，以减轻声波的冲击。她不能责怪他，他可能不知道两种愤怒的区别：一种正常合理、用没有攻击性的方式表达出来，另一种是发泄性的，对解决问题毫无帮助，只会激化矛盾。

为了保持镇定，杜绝这一波负能量的影响，罗曼做了一次深呼吸，甚至花了两秒钟想象一下能让自己重归平静的图景：一张吊床挂在一棵美丽的大树下，她躺在吊床上，沐浴着从绿荫的空隙漏下来的阳光，周围是清甜的空气，天空纯粹的湛蓝像是会催眠……她立刻觉得好多了。

"您听到了吗，罗曼？"布吕诺还在吼。

"嗯，嗯，听到了，布吕诺……"

罗曼一想就知道布吕诺在办公室里会是什么样子，这是由等级意识而来的雄性症状。她还和他的领导见过面，参加这个项目的经费是他领导批的。领导非常欣赏布吕诺，他的业绩非常好。非常认真，非常努力，从不磨洋工……但是他得学会对员工宽和一点……社会上对员工的心理健康越来越关注……公司可不想惹麻烦……

布吕诺的情况很简单，罗曼想道，没有妻子也没有孩子，他可以一心扑在工作上，他从没想过别人可能并不愿意像他那样。到目前为止，他从没试过和他的手下换位思考一下，她们有家庭和生活的负担，要接孩子，要看医生，永远在跟时间赛跑……她们要早一些离开办公室的时候，罗曼仿佛可以听到他说："您又要休半天假了？"

罗曼真诚地希望布吕诺能意识到每个个体是不一样的。每个人都有优点，但在压力之下，也会暴露出明显的缺点和不那么光鲜的一面。比如他严谨、自律、讲究方法、高效，但是也武断、霸道、咄咄逼人、易怒……

他总是埋怨他的下属不好，但没有想到正是他的行为方式引起了她们的反抗……还有其他原因也让他们之间的鸿沟越来越深，他不接受不同的个性，而这对一个团队来说其实是一种财富。他的雄性症状、过度的完美主义和对绩效的执念，使他把时间都花在了找茬和监视下属上。他没有给予她们应有的信任、肯定或者鼓励……这对人际关系来说是灾难性的！由此导致的必然结果就是他团队的成员普遍缺乏动力……怎么才能让他明白表达的方式和表达的内容一样重要，以及照顾女性的情绪是头等要务呢？

这就看出交换座椅的重要性了，这个活动可以帮助他认识到这一切！

"布吕诺，我知道对您来说做好经理的工作有多重要。您的领导非常欣赏您，您具备作为一个好领导的所有素质……"

"谢谢。"

"但是，您承认吗？近几个月来，您和您的团队相处下来有诸多不顺吧？"

"是的……"

"您不想让情况有所改善吗？不想跟您的下属好好相处、减少摩擦吗？

"当然想……"

"那您愿意相信我吗？"

"嗯，为什么不呢？但是我不可能接受座椅交换项目！"

"那如果我想办法让您去别的公司进行这个项目呢？"

"这怎么办到？"

"您可以在一个由不认识您的女性组成的团队里见习一天。"

"我不知道……也许可以，这要看……"

"我给您时间好好考虑一下，我们明天再电话联系好吗？"

"好的，罗曼。"

"晚上愉快，布吕诺……"

"罗曼？"

"嗯？"

"呃……原谅我刚才……刚才我有点……气昏头了。"

"别担心，布吕诺，我习惯了！但您很快就会发现其实有很多更好的表达方式……"

"我觉得我已经开始领悟了……谢谢您，罗曼，明天打给你。"

　　罗曼挂断了电话，结果不错，她松了一口气。心里喜滋滋，但是感觉身体被掏空，她决定泡个澡赶走精神的紧张，放松一下疲惫不堪的身体。今天晚上她不再是致力于去雄性症状运动的斗士，她要给今晚签上一个注脚……休息!

14

我终于明白你的感受

你以为我会改变自己？错，我只是决定还是做回我自己。

　　马西米兰早早来到办公室，心情很差——他没睡好。交换座椅这个实验大半夜都徘徊在他脑子里挥之不去，让他难以入睡。他并不怎么看好这个和克莱芒丝角色交换的实验，直觉告诉他没什么好事。电梯到了，他快步走向办公室。他无精打采地把拎包扔到地上，一屁股坐进宽宽的扶手椅里，机械地打开电脑。有人敲门。是克莱芒丝。她也总是到得很早。

　　"您好，沃格先生。"

　　"啊，您好，克莱芒丝。"

　　"沃格先生……您在干什么？"

　　马西米兰看着她，没明白她是什么意思。

　　"什么叫我在干什么？很明显，不是吗？我要开始工作了。"

"但是，沃格先生，您今天的位置不在这里……"

"为什么，我的位置不在……什么……"

克莱芒丝满意地冲他微笑了一下，指了指旁边的办公室。她的办公室。

啊，对了。该死的座椅交换。笑吧，克莱芒丝，您真是迫不及待呀……

马西米兰犹豫了一瞬间到底要不要玩这个游戏。说到底，又有谁能阻止他把这件讨厌的事情抛到九霄云外，把他的助手赶回她的位置上去？然而，他在其他学员面前做了保证，男人的自尊不允许他这样做。他怀着沉重的心情站起来，倒退着走向旁边的办公室，这时克莱芒丝很自在地坐在了他的办公室里。显然，她很开心。走到门口的时候，她叫住了他。

"马西米兰？您忘了这个。"

她把罗曼给的那套可以让这见鬼的一天永垂不朽的设备——微型摄像机和麦克风——递给了他。马西米兰愤怒地抓起它们走出了房间。拗劲上来了，一离开克莱芒丝的视线，他就把这些东西统统丢进抽屉。他做不到。他这辈子也不可能做这种事。他坐到克莱芒丝的小椅子上，显然不如他自己的舒服，然后打开电脑。可能他可以用这台电脑处理几份文件？这个主意让他稍感安慰。但是当他开始敲击键盘的时候，一阵刺耳的铃声把他惊得跳了起来。这么个东西会让人得心脏病的！这是什么？克莱芒丝的声音，不容置辩的蛮横语气，从小黑盒子——内话机里传来。

"马西米兰？您能帮我拿杯咖啡来吗？现在！"

啥？他需要有人掐他一下！他是不是被传送到四维空间了？

他正胡思乱想着，糟糕的是，他甚至都不知道应该按哪个按钮接电话，好告诉她让她自己去倒那见鬼的咖啡……

声音再一次响起，语气更加强硬了。

"马西米兰？按橘黄色按钮答话。我在等咖啡，谢谢。"

A：心平气和地把克莱芒丝揪回来。B：暂时收起傲慢，遵守今天的约定，哪怕明天再让事情回到正轨。他马上选了B。马西米兰按了橘黄色按钮。

"太好了，克莱——芒丝。"

他说这个名字的时候就像在咬牙切齿地宣战。内部电话里再次传出了声音。

"迈赫西尔小姐！"

我的神啊！克莱芒丝够胆量！她不允许他叫她的名字？她玩这个座椅交换游戏真是得心应手呢……她是不是玩得太投入了？

"那么，咖啡马上就好吗？另外再帮我买一份牛角面包，谢谢。"

干巴巴的、专横的语气呼啸在马西米兰的耳朵里，他感到非常不快！他，要做个小跟班？他气得要沸腾了！而且到哪里去找这些见鬼的东西呀？

他走出办公室去往前台。

"呃，早上好……您知道哪里有咖啡和牛角包吗？"

她用一种看火星人的眼神看着他，但还是很温和地回答了他的问题。她虽然也知道这个搞笑的实验，但不想让老板太难堪。

"沃格先生，咖啡的话，休息室有一台咖啡机。牛角包就得出去买了。街角有一家面包店，您肯定知道吧？"

当然不知道，他不认识这个地方！见鬼的什么时候需要他亲自下楼买吃的了？总是有人替他买的……

马西米兰准备先去买牛角包。他觉得这个顺序更合理，这样咖啡送到的时候还是热的。他来到街上开始找那家"鼎鼎有名"的面包店。在街角，前台是这样告诉他的。好的，但是是哪条街？他有点晕头转向，不得不问了一位路人。他浪费了多少时间啊！当然，一到该死的面包店，他又得排那条像困难时期配给物资时一样的长队。难道这个国家没人工作吗？他们为什么这个点还在填肚子？终于到他了。

"请给我一个牛角包。"

"90 欧分。"面包店员不冷不热地说。

马西米兰抽出金卡，漫不经心地用大拇指和食指捏着。店员眼睛瞪得滚圆，上下打量他，生气地说：

"10 欧元以上才能刷卡。"

不是吧！这些小商贩还活在石器时代吗？马西米兰被这个意外情况弄得很恼火，无奈地开始在钱包里翻找现金。他拖慢了队伍的进度，后面的人开始没好气地瞄他。他半天都没找到一分零钱。啊！太好了。他有一张纸币。50 欧元。再一次，店员毫不掩饰她的怒意。

"您没有零钱吗？"

马西米兰丢给她一个恐怖时期的罗伯斯庇尔式的眼神，用不容置辩的口吻说：

"没有零钱。您找不开吗？"

店员耸了耸肩，一副此人简直不可救药的神情，这样更激怒了马西米兰。她找给他一张 20 欧，两张 10 欧，一张 5 欧的纸币，还有 40 个 10 分硬币以及 5 个 2 分硬币。斤斤计较，这是在报复呢。要知道他一个人就能资助今年一年的金币慈善募捐[①]……他的钱包现在像头死驴一样重，他帅气的范思哲裤子现在肯定已经被沉重的后口袋坠得变形了。如此代价只为了一个可怜的牛角面包。而且这才完成了一半的任务！找到休息室又是另一回事了；他从未踏足那里一步。他在迷宫一般的办公大楼里问了两次路才找到那里，一进去就被惨淡的光景震惊了。这里的墙多久没刷了？图案剥落的椅子和满是污渍的桌子是这个房间唯一的装饰。敞开的垃圾桶里堆着残羹冷炙，可能已经放了几天了！咖啡机旁边就像被扔了原子弹的广岛。到处都是污渍，好像是失修的机器把浓缩咖啡喷得到处都是……这乌七八糟的景象和整个办公大楼的奢华精美形成了鲜明的对比。为什么没人告诉他休息室这么不成样子？但是他还没忘了自己是来干什么的：他助理的咖啡。太滑稽了！马西米兰摆弄着咖啡胶囊，就像面对一件天大的麻烦事。他把它塞进咖啡机，烦躁地按下按钮。机器发出了吓人的噪音，撕魂裂魄地尖啸了一声，把咖啡泼泼洒洒地喷得到处都是，就是不往杯子里流。马西米兰吓了一跳，狼狈地决定向前台求助。显然，克莱芒丝专门挑了这个时候从办公室出来，一副怒气冲冲的样子。

"好了没？我等了半天了！您干什么呢？"

马西米兰听到自己答道：

"快好了……我马上来！"

他瞥见前台接待被他的顺从惊得几乎要昏倒。明天要想一切

---

① 法国一个有名的慈善募捐活动，原名为 opération pièces jaunes。

如常真是有难度啊。一个接线员还是过来帮他弄咖啡了。他发现自己把咖啡胶囊放反了。小姑娘好不容易弄好了被他傻乎乎弄得一团糟的咖啡机，自己也沾了满手的咖啡。马西米兰感到很困惑：他从没想过做个咖啡也这么难！终于，他集齐了克莱芒丝要的东西，敲响了办公室的门。他进去的时候惊讶地看到克莱芒丝一副皇太后般的冷傲神气。他的助理真应该去演话剧，她很有天赋。克莱芒丝看都不看他一眼。她把他当成一条狗吗？

"放那儿吧。"

好的，女士。我这是在做梦吗？马西米兰正准备回自己办公室的时候，克莱芒丝叫住了他。

"您真是用了好长时间啊，"她用充满指责的口吻说，"您大概错过了很多电话。赶快听听语音留言，立刻打回去。有紧急消息马上告诉我。您可以用……"

马西米兰瞠目结舌，就好像经历了一场恶作剧。真是糟糕的体验。电话响了，他不知怎么回话，只好回到助理岗位上。

确实，他错过了 14 通电话。马西米兰在剩下的时间里像个劳模一样辛勤工作，不断地在电话和烦琐的行政手续间来回切换。克莱芒丝还来打扰了他四次。她平时是怎么同时做这么多事的？13：30，马西米兰筋疲力尽，神经紧张，他以为他终于可以去吃午饭了。那是他忽略了克莱芒丝有多么入戏。她又给他派了三个紧急任务。嗖。午饭时间在他鼻子底下溜走了。

"待会儿见。我 16：00 回来，我在'黑桃夫人'预定了座位……"

什么！是那家著名的美食餐厅？而他却要勒紧裤腰带处理紧

急文件？啊，她想这样玩吗？小心点吧，因为明天，他就回来了，黑桃国王……

15∶00，一个同事看不下去了，给他拿了一个小三明治、一个苹果和一瓶水。

三明治的味道像塑料，一点滋味也没有。一定是因为在冰箱里放了太长时间，面包毫无弹性。马西米兰只啃了一小口面乎乎的、没有味道的苹果。

16∶30，克莱芒丝回来了。她做事情真是有始有终啊，绝不半途而废！他应该恭喜她呢，还是应该勒死她？ 17∶00，她召集了一个会议，非得让马西米兰给憋着笑的与会同事倒饮料。真是个孤独无助的时候。马西米兰笨手笨脚地把一杯果汁碰倒在桌子上，整整一份文件都被浸湿了。他得先用一堆纸巾吸干饮料，发现没有一个人动动手指来帮他；他们都好像在过节一样，但是众所周知，放假回来第二天通常都比较痛苦……之后，他不得不紧急重新打印了弄脏的文件。当然，打印机适时地罢了工，一个字也印不出来。压力山大！马西米兰再一次感慨克莱芒丝持续的抗压能力。

这场假面舞会一直持续到20∶00，他即将脱下女仆围裙了。

克莱芒丝一副镇定自若的样子，高踞宝座。她在等什么呢？一张伟岸的肖像画？她应该感受到了他的愤怒，因为她自觉地恢复了平日顺服的姿态，轻声细语地对他温柔地说：

"怎么样，沃格先生？您知道，我这么做都是为了这个游戏，因为是您说……"

"当然，克莱芒丝。我不怪你。这个游戏本身就不是个好主意。

非常差劲的主意……"

"不管怎样，祝您晚上愉快，先生……"

"这个嘛，晚上肯定比白天愉快！"

克莱芒丝的目光一直跟着他到电梯旁。她为什么一副有点恼，有点悲伤的样子？这个愚蠢的实验做完她能指望有什么结果？筋疲力尽的马西米兰快速走到出口，司机已经在等他了。他滑进舒适的后座，很高兴自己终于回到了特权阶级的身份。

15

"座椅交换"体验分享

从自己的世界中走出来，接受不一样的观点。自己活，也让别人活。

罗曼收集了所有人拍摄到的交换座椅视频，除了马西米兰·沃格的。从这个实验一开始他就没有汇报任何情况，一直处于缺席状态。罗曼对此很愤怒。她给他发了好几条短信，有语音留言也有文本信息，都如石沉大海。她的愤怒变成了担心。但是罗曼还是必须为了其他学员打起精神。她可不能因为一个捣乱分子让所有人都受到影响！

Q势公司有一个监控室，她可以在里面看到不同的实时转播。她边看边认真地记笔记——她没有亲眼看见，但是这是课程的一部分。她得做出一份建设性的具体报告。转播的画面让她很感动。有时也让她忍俊不禁。但是到放映结束时，她只感到骄傲。为他们骄傲，因为虽然这个游戏勉为其难，但他们都按要求做了。罗曼迫不及待想让他们知道自己的感受，所以建议当晚就召开一个视频会议。这样可以趁热打铁，听到他们第一时间的体会。

19∶00，会议准时召开，其他人都在线，学员们对马西米兰的缺席感到震惊。罗曼只好瞎编。

"他有事……"

她有点尴尬，想要装作一切正常的样子，故意用轻快的语调说话。

"那么，这个交换座椅的游戏体验如何？你们是怎么以交换来的角色度过一天的？"

学员们几乎同时开始发言；罗曼维持着秩序。

"布吕诺？"

布吕诺清了清嗓子，捋了捋思路，挺起胸膛：

"说实话，我完全没想到，这是一次非常……充实的体验。"

罗曼不敢相信自己的耳朵。布吕诺接着说。

"我和米娅一起度过了一整天，从黎明一直到黄昏，我只能说，她太棒了。最后我完全不行了，她还在任劳任怨地处理着无数的事情……太让我震惊了……"

"在办公室里感觉如何？"

"说实话，我第一次知道在公共办公室办公是一种什么样的体验，我忍不住想，这个团队的人在这样的条件下还能专心做事，他们是怎么做到的。中间有一次米娅被她的上司叫去，我也跟着一起。她被数落了一番，就因为一个小错，而且……"

"而且怎么样，布吕诺？"

"说实话，我为她难过。尤其是这甚至都不能算是她的错，团队的信息传递和沟通出了点问题。"

罗曼心里偷偷感到快慰。她感到布吕诺真的看到了许多以前没有注意到的东西，她要为此鼓掌叫好了！

"您从这样的体验中能得出什么结论呢？"

"我觉得我在经理的位置上再也不会像以前那样处理问题了，情况会大大改观的！"

罗曼感到自己已经在心里跳起了巴西桑巴。

"谢谢你，布吕诺，谢谢你的分享！其他人呢？"

帕特里克开口了。

"我，就像布吕诺一样，我体验了本尼迪克特的生活后，仿佛从云端重重摔了下来，她应该跟我的妻子很像……我之前不知道做这么多事情有多难，孩子，家务，还要在家远程管理一家小公司。说实话，这真是超人！我呢？我一次只能做一件事……"

"那您对您的妻子有了什么新的认识呢？"

"嗯……我知道了我对她的态度很不公平。我没有肯定她的价值，没有鼓励她……我没有认识到她的事情有多繁杂。我觉得在家里'摆弄'一家小公司没什么难的。我总是取笑她……从内心深处，我没有把她的难处当回事。"

"嗯……谢谢你，帕特里克。"

"我嘛，我的一天太糟糕了，"娜塔莉迫不及待地开口道，"我和一位让人心累的先生待了一天，他不停地说自己的事。他一秒钟也不听我说话，一个观点也不让我表达……他把所有的话题都扯到自己身上，太可怕了！在餐厅的时候，太尴尬了！他特别大声地说话，所有人都在看他，他笑得那么响亮，边上所有人都不满地扭头看我们。"

"那么这次体验让您有什么收获呢，娜塔莉？"

"如果说我也像那位先生一样，我真恨不得分分钟切腹自尽！"

"别担心，娜塔莉。我们故意夸大了一些，以使这次体验更加富有教育意义……"

"我也希望是这样，"娜塔莉舒了一口气，"不管怎样，这次体验给我的触动还是很大的。我清楚地感觉到那些只顾自己说得开心、完全不管别人的人太讨厌了……我会好好反思自己的。"

"太棒了，娜塔莉……谢谢！"

埃米莉去给一位名厨当了一天的帮厨，想要体会一下儿子对这项事业的热爱。这次体验让她很开心，她觉得自己也迈出了一大步。

罗曼一边听着学员们的汇报，一边和他们互动，一边忍不住每五分钟就拿眼睛去瞟手机，总觉得马西米兰来了新短信。但并没有，一直没有……

她把话题转向这次练习想要达成的目标，那就是想让每个人都反思一下自己的自我中心。不想这话引起了埃米莉的不满，她提出异议：

"不好意思，罗曼，但是在我这里，不能说我自我中心！在我的遭遇中，我没有为自己考虑！我想的是我儿子，是他的未来！"她愤愤道，"我所做的一切都是为了帮助他！我从来都只想着怎么对他是最好的……"

罗曼温和地宽慰道：

"当然了，埃米莉，您只想着怎么对他好！但是有时候有心帮忙并不能取得我们预想的效果。有时候好心也会办坏事……您应该反思的是您是否应该替别人决定他想做的事。您把您对世界的看法和您的期望投射到您儿子的身上，却忘了和他换位思考。想想那个星球练习，您要从自己的世界中走出来，接受和您不一样的观点。自己好好生活，也让别人好好生活……"

"但是不管怎么说，父母扮演着引导者的角色！如果任由年轻人一意孤行，他们就会得过且过！吃快餐和零食，逃课……"

"可能会有那么一段时间是这样的，埃米莉。父母当然需要引导孩子，给出框架，但也应该培养他们的自信。如果我们什么都替他们做了，我们就剥夺了孩子施展才能的机会，打击了他们的信心。有时候，他们甚至都不知道自己到底能做成些什么事……"

埃米莉久久没有开口，这话切中肯綮……罗曼发现时间已经不知不觉过去许久。她不能耽误学员们太长时间，这样会使他们厌烦的，所以她开始构思结束语。正在这时，手机发出了一声短信提醒。是那条期待已久的信息。

我们得聊一聊。

当然，马西米兰不会说废话！这句"我们得聊一聊"可不是个好兆头……罗曼微微颤抖，整理好情绪给视频会议做了总结。

"好，感谢大家第一时间做了分享。我们周五上课的时候再进一步讨论。在那之前尽管把你们的体会写到雄性症状本上。晚上愉快！"

"晚上愉快，罗曼！"学员们齐声说道。

罗曼切断了连线，抓起手机开始给马西米兰回短信。

罗：您想打个电话吗？

马：不。我更希望我们能见一面。

罗：什么时候？

马：明天？在 Q 势公司街角的咖啡店。14：00，可以吗？

这就是领导范。罗曼接受了这个会面；她有点害怕这次对峙，但是又不能逃避。

我不能整晚惴惴不安的。

她一回到家就点上一支蜡烛，盘坐在垫子上，设法用冥想使自己进入美梦一般的境界。但她做不到。尽管费了很大力气，她还是无可奈何地想到马西米兰，满怀心事，头顶一片阴云密布。

16

我的世界观崩塌了

原来你表面强势，内心不堪一击，我还没用力，你就倒下了。

第二天，罗曼早一点来到了离 Q 势公司很近的咖啡馆。她很紧张，感到这次会面的波频不太对，不情不愿地进了咖啡馆。这家小店其貌不扬，服务生也其貌不扬。罗曼选了一个僻静的带皮椅的角落，落座之前把桌子椅子上的渣滓扫掉，显然这些食物残渣是吃午饭的顾客留下的，并不会有人来清理。灰脸先生给她端来一杯不加咖啡因的浓郁咖啡，那苦味直让罗曼做鬼脸。她打开一包糖，倒了几粒到茶碟上，用食指去沾，感受着指头下糖粒的咯吱摩擦，有几分小惬意，然后把手指送到嘴边懒懒地舔着。马西米兰就在这时向她走了过来。罗曼吓了一跳。

"您好，马西米兰。请坐。"

"谢谢。"

年轻姑娘端详着商人眼中的神情，却什么也看不出来。她决定不拐弯抹角，而是直奔主题。

"我想我知道您的交换座椅体验并不太好，是不是？"

"这样说太委婉了。这次体验对我来说非常……不好。实话实说，它使我更加怀疑这种方法的正确性。"

哗。来了。他开始责怪周围的人了……她还会听到更过分的话……罗曼控制自己不要显得太失望。

"我明白了，马西米兰。但是您能不能跟我好好讲一讲这一天是怎么度过的，好让我明白您针对的是什么？"

商人赏给她一个冷硬的眼神，她微微颤了一下。

"我没有针对什么，罗曼。我不赞同您的教学计划。我在一个颠倒的滑稽世界里度过了一天，我的助手向我发号施令，说实话，我看不出这有什么意义。"

罗曼在这样公开的指责下面色苍白。她不由自主地怒火上升，几乎要掩饰不住自己的失望。她神经质地揉搓着桌上的纸巾，直到把它搓成了纸末。

"来吧，还是说说吧！"

她要受不了自己了，声音干吗带上颤抖，会让他看出自己的失望的。

"很简单，我简直要认不出克莱芒丝了！她各种给我颜色看，我真受不了。可以说，看着我受到各种小侮辱她挺开心……简直不可忍受！"

"什么样的侮辱？"

罗曼想步步为营把他逼退。马西米兰生气了，双眼满含隐忍的怒意。

"您很清楚，不是吗？她像对一条狗一样说话，为所欲为，一会儿让我去倒咖啡，一会儿让我去打印文件，比一个实习的新手待遇还不如！我这辈子都没受过这个！"

罗曼等着他倒完苦水，尽量换上一副和蔼可亲的表情。

"别这样看着我！我觉得您像一个在病人床边的护士！我没生病，罗曼！我是个肩负着许多责任的商人，我没有时间可以浪费在这件……这件……"

"蠢事上？这是您想说的吧？"

马西米兰大概是发现他伤害了罗曼的感情，试着心平气和地解释。

"听着，罗曼，您要站在我的角度想想……"

这孩子真幽默！

"您知不知道自从实验以后，我的助理就表现得不可理喻？她觉得她现在可以反抗我的命令了。我明白这个练习的意图，但说实话，在现实中，老板就是老板，助理就该老老实实待在她自己的位置上！如果我一让她倒杯咖啡她就反抗，那会是个什么样子？"

罗曼感到自己要沸腾了。瞧嘛，这就是她最不能忍受的雄性症状之一！马西米兰的话让她不由自主地想起20年前，她的父亲还是个具有全套雄性症状的人。她到现在还能感受到自己身体里蠢蠢欲动的叛逆，每次让·菲利普做得过火的时候，她都想要反抗一番，这让罗曼对各种不公正、不真诚，以及滥用权力深恶痛绝……她试着让自己理智一点，对自己说马西米兰的反应只是项目推进过程中的一个必经阶段，应该学着接纳他，而不是把他踢出去了事。她费了好大的劲，终于能够平静地回答他：

"马西米兰，您不要把事情搞混了。您当然要扮演领导角色，是规范者和命令者……但您也应该学着给助理向您提要求的权利。如果您让她倒咖啡的时候，她没有在处理紧急事务，那无可厚非。否则，您就应该自己去倒！"

"我算是知道了。您跟她是一头的……"

呼吸一次。努力不要让自己太愤怒……

"不！不能这样说！我是想让您明白聪明睿智的管理方式和专制独裁的管理方式之间的区别。"

"快别夸张了！"

这下，马西米兰真是激怒了罗曼，她再也没法抑制自己声讨他的冲动。

"丝毫没有夸张！"她反驳道，"您那么喜欢在工作中追求完美，那您就应该更注重用奖励的方式激励员工，而不是执着于尼安德特酋长一样的野蛮作风！"

"罗曼，要知道我是在以不妥协为信条和靠实力说话的环境中长大的。在我接受的教育中，我一直被灌输的观点是在工作中掺杂情感是万分危险的，或者是软弱的表现。经验告诉我，员工惯会滥用领导的宽容，如果管理者太过放纵，他们会变得非常怠懒。"

"我从没说过让您放纵员工。您要做的是公正又坚定，同时也善于倾听，"罗曼基本是在喊，"鼓励，激励，表示认同，让他们看到光明的前景。这才是不偏不倚的管理之道。多一分少一分都不对。"

有几个食客被争吵声吸引，扭头看着他们，本着八卦精神饶有兴致地看着这一幕，他们以为是小两口吵架的好戏。罗曼狠狠地把他们瞪了回去。我的天。她知道自己气得有些失控了。为什么她不惜一切代价想要说服他？她很清楚跟马西米兰讲道理是没用的，因为这个时候他听不进去……时机未到。她想哭的心都有了。

"我知道您早就准备好了这一套说辞。"马西米兰说。

他现在开始玩起了犬儒主义自我安慰的那一套了。

"只准备了一点！"她生气地回嘴道。

突然一片安静。像是有一位天使经过①，或者说是个魔鬼。因为气氛真是见鬼的紧张。罗曼看到马西米兰深深地吸了口气，然后他直直地看进她的眼睛。她又抖了抖。

"罗曼，这一切都很有趣……但是……无论如何，我决定……"

"决定什么，马西米兰？"

罗曼手掌汗津津的，对她将要听到的话深感惴惴。

"决定放弃这个项目。"

什么？这一宣告犹如一颗炸弹在罗曼脑袋里炸开。她的心跳加速。这不可能！她不禁这样想道。

"您确定？"她结结巴巴。

"非常确定。您应该松了一口气吧？"

"我为什么会松一口气？"

---

① 法国俗语，表示突然出现了一段时间的安静。

"我可不是个好学生，在您的项目里……"

"这是您的想法。我习惯应对像您这样逆反的人，但我可以明确告诉您，现在放弃真的非常可惜。您意识不到，但是您正在渡过最难的一关。您之后会突飞猛进，您自己都能看到明显的变化……"

她尽量让声音不要颤抖。不，主啊，可怜可怜我吧，不要让他看出我的沮丧！不能让他看出来！她得留住自己的尊严。他什么也没说。

现在，马西米兰正把胳膊肘放在桌子上，头支在手上。他好笑地看着她，眼睛轻轻眯着，像是为了更好地观察她。罗曼感到全身上下打了个寒战，赶紧假装穿上薄外套，以打断尴尬的对视。

"好吧，我想该说的都说了吧？"

他张了张嘴想补充什么，但又没有说出来。罗曼咽下失望。马西米兰招呼服务员埋单。

"不，我自己付我的。"

"就为了一杯咖啡？您开玩笑吗？"

"是的，即使只是一杯咖啡。"罗曼固执地说。

"要我说，您自己难道不也有点雄性症状倾向吗？"

她用眼神大力杀他。他想帮她穿上大衣，但她赌气拒绝了。

然后他们就面对面站到了人行道上，不知道该说些什么好。

"好吧，那就……再见吧。"

虽然两人争执了一番，马西米兰还是尽量保持风度，向她伸出手。罗曼犹豫着要不要握，但不握的话就等于承认了自己的极度失望。于是她也伸出手，尽量表现出一副无所谓的态度。

"嗯，再见，马西米兰。"

两手交握，两人都感觉触了电一样。马西米兰握得长了几秒钟。罗曼感觉内心涌动起一种感情。但是什么感情？这大概不是没能说服他，以及任务失败带来的失望和愤怒所能解释的……

她慢慢走向 Q 势公司。马西米兰向反方向走去。罗曼跟自己打了个很蠢的赌，她要转身，如果他也转身，说明有希望让他改变主意……

罗曼转过身去。马西米兰快步远去，显然没有一丝后悔的意思。

17

我的地盘听我的

心理舒适区似乎不再那么舒适了，怎么办？

马西米兰的生活回到了正轨。再也不用去上那些课了，真是解脱啊！他终于可以把落下的进度补回来了。在他和罗曼喝咖啡后的几天里，他提高了一倍的效率，整天沉浸在工作中。清洁工还在打扫空无一人的街道时，他就到了办公室，最后一个才离开，那时候大楼清洁工已经开始工作了。他就像有 10 条胳膊，20 只手，他的同事有时甚至怀疑他有分身术。大家都认为他有超长待机能力，马西米兰也以此为傲。他想让整个团队按照一个步调前进，但是有时，电光火石的一瞬间，他也注意到，并不是所有人都和他是同一个模子印出来的。

但这不正是领导者要做的事情吗？让队伍跳出舒适区。晃晃悠悠是做不到完美的……一天早上，在读报纸了解国际市场情况的时候，他碰巧看到一则罗曼的采访。两个礼拜过去了。他的心不由自主地揪了一下。他站起身，站到巨大的玻璃窗前，任由自己被城市全景吸进去。他想到了她。他放弃了她的课程，再去给她打电话可行吗？换作别人会这样做吗？不，当然不行。可惜，他们不能再见了……小姑娘的性格让他很感兴趣。可能是因为她是一个温柔与坚定、善良与领导力的集合体吧……这些让人沦陷的、诱惑的矛盾啊。当然，他不缺女人缘；女人总是围着他转。但很少有人如此真诚，带着如此强的个性，但又不盛气凌人，没有怪脾气。马西米兰清楚地注意到了罗曼性格里"小小的雄性症状痕迹"，她的热情劲儿，她不轻易放弃的脾气……无论如何，在这种强势的性格背后，她试图隐藏起脆弱和敏感。他觉得这些特点……很动人。然而，必须清楚的是，一个像他这样的男人和一个像她那样的女人就像针尖对麦芒，不会有好结果的！还是想想其他事情吧。比如，为什么不给上周在开幕式碰到的那个漂亮的斯拉夫模特打个电话呢？他正准备给她发短信的时候，收到了一条语音留言。是朱莉。

她发泄了一通愤怒和失望，再次强烈谴责他上次没有给她回电话，像扔一只旧袜子一样抛弃了她。这时他才发现上次编辑的短信还在草稿箱里。唉，唉，唉……他一有时间就得跟她解释一下这个误会。在办公室里可不好解释，人来人往，一不小心就被听到。对了，今天晚上就给她打电话，一回家就打。正想着，克莱芒丝进来了，把他吓了一跳。

"您可以敲个门的……"他干巴巴地抱怨。

"我敲了，但是您应该没听到。"

马西米兰也知道自己是在迁怒，所以放缓了语气。

"您要做什么？"

"麦克肯的文件，更换供应商的那个……"

"喏，在那儿呢。"

"先生……"

"又什么事？"

"您真的……放弃了 Q 势公司的项目吗？"

整个地球都在给他找不痛快吗？

"有可能。"

克莱芒丝小声嘟囔。

"太可惜了，不管怎样……"

"什么？"马西米兰咬牙切齿，简直不敢相信自己的耳朵。

"不，没什么，先生。"

"那您可以该干吗干吗去了，克莱芒丝。"

他现在心情极差，透着隐隐杀气，助理不用他说第二遍就隐身了。很好。他巴不得独处。他不自觉地揉了揉背部。从两天前开始，他就感觉颈肩处不舒服，肌肉有些痉挛。他只能忍着，因为他没时间去做按摩！他打开抽屉，里面有一盒扑热息痛，然后吃了一粒。如果有能专治商人抑郁的药就好了！他有点消沉，又埋头于文件去了，一直到夜幕降临他都没有再记起不快的事。

18

"我是世界之王"

将来获得什么东西会让你感觉自己是世界之王？

自从咖啡厅会面之后，沃格这一页算是彻底翻篇了。"归档文件"，罗曼喜欢这样叨咕。她没能说服他，那又怎样？她没什么好自责的。她尽力了。所有人在职业生涯中都会遇到挫折……罗曼时不时地想要这样安慰自己。项目还在继续，其他学员需要她。但不管怎样，她还是有点快快的，打不起精神来，动作拖拖拉拉。她多希望帮助马西米兰完成内心的转变呀！这将是一种怎样的胜利！她意识到自己已经把这件事当作一项个人挑战。有点太私人了？可能……那又怎么了？难道生而为人不能这样？她被这些想法弄得很恼火，她把一把雨伞放进包里，天气看起来不太好，如果不未雨绸缪估计下场很惨，然后她就急匆匆地出门了。她和学员们约在凡尔赛宫门口见面，他们要去看一个泰坦尼克号的展览，当然这次参观也是有教育意义的。她迟到了 20 分钟，含糊地找了借口，道了歉，学员们对她很宽容。但罗曼注意到布吕诺冷峻的眼神和紧抿的嘴唇，那副神情表现了他的不满，在准时这件事上他从不妥协。

"马西米兰呢，他不来吗？"漂亮的娜塔莉马上注意到。

罗曼深吸了一口气，摆出一副无所谓的态度。

"不，他不来了。"

"什么？他放弃了？"

"出了点岔子……"

娜塔莉一副恼怒的样子，罗曼对此并不是很意外。她注意到这个小姑娘对马西米兰的兴趣，他不失时机地回应她勾引的小把戏。他对她不也是一样吗？罗曼怒气上涌，但还是叫队伍跟上她。

"泰坦尼克你们都知道，是一个典型的雄性症状悲剧，这就是我带你们来这里的原因……那些安排航行的人被野心冲昏了头脑，把突发奇想付诸实施，全然不顾安全常识。当你们感到雄性症状觉醒的时候，就想象一个任性没教养的孩子，试图获得权力，在不该有的欲望中虚度光阴。他跺着脚，高声说话，什么都想要，马上就要！'我要更多的钱''我要更大的船''我要更大的汽车'……他也经常提出'不想要'——'我不想忍耐''我不想孤单'……正是这种种不可抑制的欲望成了痛苦的来源！雄性症状正像这个固执任性的孩子，总是期待着什么结果，不停地给你们压力。这个压力是有害的，会使你们做出错误的举动。"

很久以来第一次，罗曼对自己说的话感到厌恶。她现在讲的这种雄性症状表现为欲望膨胀，但她自己难道没有过于渴望改变马西米兰吗？这种感觉很奇怪，就像悬空了一样。

娜塔莉开启了话匣子模式，不停地做着点评。布吕诺不把细枝末节都问清楚就觉得自己没懂。更有甚者，帕特里克和埃米莉完全没有听，两人自顾自地说话。平时很有耐心的罗曼渐渐感觉到自己被愤怒占据。她打断提问。

"给自己时间慢慢想一想，我们现在没有时间回答所有的问题。来，咱们往前走……"

她的语气大概出卖了她的愤怒。罗曼对如此不专业的表现感到自责，但她的情绪今天不那么听话。她努力赶走对马西米兰的恼怒，试着不再想他，但做不到。

无论如何，她还是带着学员们看了一个又一个展厅，最后一个展厅里放了一个复原的船头，是供游客模仿詹姆斯·卡梅伦的电影里那著名的一幕，拍照留念用的。

"你们都知道莱昂纳多·迪卡普里奥那句著名的台词'我是世界之王'吧？"罗曼说，"到我这里，我想问你们的是——你们呢？将来获得什么东西会让你们感觉你们是世界之王？换作几个星期前，你们可能会说是权力，是金钱……但现在呢？在你们的概念里，什么是真正的快乐呢？"

她没有想让他们立刻回答，用尽量轻快的语调接着说：

"现在，想拍照的，可以去了！"

显然，所有人都想去。埃米莉和帕特里克一起，摆了电影里那个经典造型。布吕诺和娜塔莉摆了那个造型，虽然他觉得这样有点老套。只有罗曼站在一边。她现在没心情拍照。有一瞬间她在想，如果马西米兰在会是什么样，如果她能让时间倒回他们争吵前……他们会一起摆造型拍照吗？她会像凯特·温斯莱特那样张开双臂，他会紧紧贴着她，呼吸拂在她脖子上，双手扶着她的腰吗？她突然停止幻想。这都什么乱七八糟的，罗曼！她真的应该振作起来了。但她就是控制不住地生闷气，诅咒着马西米兰的骄傲，埋怨他轻易被雄性症状打败……她发现自己不由自主地恨着他，还任由无论如何应该扼杀的感情潜滋暗长。我最近还没有走出来，就是这样，她自言自语，想要给如此不正当的心动找一个理由。我应该换换心情……

她看到其他人走进商店去领照片。学员之间开始建立联结了。这是一件好事。

罗曼和学员们一起走到出口，然后互相告别。很久以来第一次，她很高兴一节课终于结束了，她急不可耐地想赶快回家，让自己哪怕有 5 分钟不去想工作的事情。路上遇到了让人绝望的堵车，她惊讶地发现自己在咒骂整个地球。在一个岔路口，一辆车开得太慢，这让本就拥堵的交通疏通得更慢了，她狂怒地按起了喇叭，大声咒骂着。她的心跳很快，在下一个路口等红灯的时候她感到松了一口气，终于有时间让自己冷静一下了。她从后视镜里看了一眼自己的脸——因愤怒而涨得通红。哦，天哪！多么可怕的马路雄性症状啊！

她，一位雄性症状专家，在这个领域工作了这么多年，怎么还会变得这么有攻击性？难道她辛辛苦苦获得的通向智慧的知识只停留在理论层面，一到实际应用中就烟消云散了吗？有那么一瞬间，罗曼感到很害怕。不，不可能，不会是这样……但心里一个邪恶的小小声音还是往伤口上撒了盐：难道不正是她的骄傲使她不惜任何代价想要改变马西米兰，使她没能预感到交换座椅的练习会触及他的底线吗？在烦躁不安中，罗曼重新发动了引擎，龙卷风一般疾驰，努力赶走这些烦人的想法……她想忘掉这些，哪怕 5 分钟。当她到家给手机充上电的时候，她发现自己错过了一条信息。"哈喽，罗曼，我是桑德琳！我们今晚 18：00 要去看一场流行摇滚音乐会，你跟我们一起吧？吻你！"这个邀请来得正是时候，她正需要换换心情。

19

措手不及的打击

人类的悲欢并不相通，即使是双胞胎兄妹……

马西米兰用一只手拨开凑过来的颈窝上一缕棕红色的头发，好吻上去，另一只手去解黑色蕾丝边胸罩的搭扣。现在离他给这位漂亮的小姐倒香槟还不足十分钟，香槟就已经被撇在了他客厅里的茶几上。衣服铺满了豪华的沙发，形成了一张丝滑的毯子，真是他们嬉闹的理想之地。马西米兰对这样的成绩感到满意，准备享受当下。但是见鬼的，为什么他没法完全进入状态？这姑娘有着美好的身体，他还有什么不满足的呢？他努力集中注意力，尽量不想别的，这时电话答录机突然响了，打扰了这样私密的时刻。又怎么了？他决定不去理它，但答录机还是开始播放录音。

您好。这是巴黎圣·约瑟夫医院。听到这条留言后您能尽快打回来吗？我是蕾蒂西娅。谢谢。

这是怎么回事？马西米兰十分困惑，停下嬉闹。

"不好意思。我想我最好还是听听。"

他半裸着，一下冲向电话答录机又听了一遍留言，不知所措。他在记事本上快速记下电话号码。

"我要打回去，一分钟。喝点香槟，如果你愿意的话……"

那个姑娘有点不满地噘了噘嘴，抓起马西米兰的衬衣遮羞。她端起茶几上的杯子，小口啜着，丝毫不为胸前大敞的衣服感到害羞。马西米兰转过目光。电话响了5声才有人接。

"蕾蒂西娅，圣·约瑟夫医院，晚上好。"

"呃，晚上好，您刚才给我留了一条留言。"

"啊对，谢谢您这么快就打回来。您的号码是我们一位病人手机里的紧急联络人，她一个小时前入院的。"

"啊？"

马西米兰隐隐约约感到不安。

"怎么了？"他声音颤抖。

"您认识朱莉吗？"

马西米兰感到自己五脏六腑像是突然被分解了。

"是的，当然……"他用干涩的声音答道。

"她自杀未遂……"

"什么？"

马西米兰感到自己要崩溃了。

"她吞了一整盒安眠药……"

哦，天哪！

"您是家人吗？"

"是的！我是……我们是双胞胎……"

"您的名字？"

"马西米兰·沃格。"

他情绪翻涌，嗓音破碎。

"过来吧。我在急诊室接待处等您，跟您详细解释情况。"

20

我该如何补偿你？

工作再忙，也别忘了在乎你的人。

蕾蒂西娅挂了电话，他没法获得更详细的信息。像是被敲了一棒子，马西米兰甩甩头，让自己冷静一点，然后马上赶走了那个女孩，她还没搞清楚状况。但他不在乎。重要的是尽快赶到医院。他紧张得开不了车，马西米兰叫了一辆出租车。在车里的20分钟是他一生里过得最慢的时间。他在脑子里像过电影一样回顾了过去几周的情况，每次他的妹妹联系他，她悲伤的呼叫都没有换来任何回应，他不知道自己都在忙些什么……终于，他终于到了医院。"医院"这个词多奇怪啊……因为当人这样在夜里来到这里的时候，这个地方跟"好客"①完全不沾边！不祥的氛围使商人颤了一下。接待处一个人也没有。大厅空空荡荡。有那么一瞬

---

① 在法语中，"医院"的形容词形式与"好客"是同一个词：hospitalière.

间他怕自己找不到朱莉。幸好，他遇到了一位女士，应该是个护工。

"急诊室接待处？"

"在左边走廊的尽头，然后坐电梯去 –1 层。"她亲切地回答，但没能微笑。

"非常感谢！"

"不客气。"这位穿着鳄鱼鞋的女士说，这是一种好笑的荧光塑料鞋，这一季火了一把。然后她拖着脚步走到外面，拿出了一盒清淡型香烟。

马西米兰一阵风地跑过走廊，一个人站在电梯里的时候，感受到自己沉闷的心跳和汗湿的手心。

最后，他终于找到夜班急诊区。那里有很多病人在等着看病，但他径直穿过他们，冲向接待处的护士，每个到这里的病人都要先经过她的手。护士皱起了眉毛，准备粗暴冷酷地打发走他。

"先生，请排队。"

马西米兰毫不犹豫地要求。

"我不是给自己看病的。您一小时前给我打了电话。我来看我妹妹。我想知道她怎么样了，请告诉我。"

他很少用这样求人的语气说话……

"这样的话……谁联系的您？"

"蕾蒂西娅。"

"等一下，我跟她联系一下试试。"

他看到她简单地交流了几句，然后挂上了电话。她的脸上一丝表情也没有。她好像刻意跟这里发生的一切保持着距离。在这种地方要想不疯掉，这无疑是一个好办法。最好把感情好好地包裹起来，密不透风。

"请耐心在候诊室等一下。蕾蒂西娅会来找您。"

马西米兰很生气，担心得要疯掉，但还是强迫自己守规矩地坐在了候诊室的塑料椅子上，他坐在一位抱着孩子的母亲和一个脸上流血的男人中间，母亲怀中的婴儿在呻吟，男人用一块纱布按着伤口。马西米兰觉得自己来到了第四维度，今晚的开始和结束反差巨大，像一根重重抽在他身上的鞭子。时间一分一秒地过去，没有一个人来告诉他最新的进展。他简直要疯了，觉得愤怒的热血冲击着血管。他突然站起来重新向接待处走去，拼命控制住情绪。接待处的护士冷漠无情地看着他，一字一顿地回答：

"您要耐——心——等，清楚吗？蕾蒂西娅一有空就会来找您……"

"但不管怎么说，让家人就这样等着简直不可思议！我只是想知道我妹妹的情况，我的天哪！"

那位女士带着不可动摇的坚定，用圆珠笔尖敲了敲台子上贴着的一块牌子。

根据刑法的两条法律，所有对医务人员的言语或人身攻击都可以追究法律责任。

"去坐下。"她命令道。

马西米兰让步了，愤怒和担忧噬咬着他的心。

15 分 17 秒后，那个蕾蒂西娅终于从急救任务中脱身而出。

"沃格先生？"她冲候诊室喊。

马西米兰一下子站起来。

"是我！"

"请跟我来。"

用不着说第二遍，他就跟着她进了走廊，从两边半掩的门可以看到躺在担架上的病人。最后他们来到玻璃隔出来的一个方方正正的箱子一样的房间，在那里马西米兰看到了他一动不动的妹妹。他的心在胸膛里剧烈地跳动。还有一个同样在等待的年轻姑娘向他们转过身来。马西米兰有点好奇她是谁。医生马上告诉了他答案。

"是这位小姐在公寓里发现了你妹妹。她们一起租住在那里，您不知道吗？幸亏她在那里！"

马西米兰向年轻姑娘伸出手，姑娘并没有做出反应，只是板着脸看着他。

"您就是马西米兰？"

"是的，怎么了？"

"不，不怎么……"

为什么她没好气地看着他？管她呢……现在可不是问这种问题的时候。不再计较这个姑娘的问题，马西米兰转向医生，希望她说说情况。

"我们给她洗了胃。至少没有生命危险。"

马西米兰艰难地咽了下口水。

"她现在睡了。目前也没什么可做的。如果您愿意，可以明天早上再来，我们那时候再商量下一步怎么办。大概要找个休养院。我会再跟您说。"

"我……我可以进去看看她吗？我跟她说话的话，她能听见吗？"

"谁知道呢？或许能吧……去吧，但别太久，她需要休息。"

"好吧，我走了，我明天得早起。"朱莉的室友说。

马西米兰不计较见面时的不快，叫住了她。

"等一下！"

"怎么了？"

"我……我想谢谢您为我妹妹做的。真的。"

"没什么的。换作别人也会这么做的。"

"不，这真是一个善举。我想……答谢您，呃……我还不知道您的名字。"

"佩内洛普。不，没用的。您没什么可做的。啊，不，有的！也许可以做一件事……"

"什么？"

"从今以后，在她需要的时候多陪陪她。"

啪。耳光。马西米兰沉默了。他记下了佩内洛普的电话，向她保证，会告诉她朱莉的近况。

他走进箱子，靠近妹妹的脸，长久地抚摸着她的头发，低声说着温柔和鼓励的话。

"我在这里，妹妹。现在一切都会好的。"

确认没人看到后，他任自己默默地哭了出来。他郑重地发了个誓，黑夜是他的见证：

"我的朱莉。我再也，再也不会弃你于不顾。我保证！"

他把双胞胎妹妹的手握在自己的手中，就这样又过了一会儿，他决定离开，脚步声和生命体征监护仪那令人心慌的响声相互应和着。

21

从未如此孤独无助

坚硬的外壳可以保护自己，也可以与世隔绝。

第二天早上起床的时候，马西米兰觉得自己像被火车碾过一样。他很久都没有过过这么难过的夜晚了。睡眠薄得像卷烟纸。他好几次惊醒，浑身冷汗，在回到悲伤的现实之前朦胧地希望这只是个噩梦——但这一切都是真的。他上了很早的闹钟，以尽早去到朱莉的床边。他急匆匆地泡了杯咖啡，一不小心放了太多的咖啡粉，他咬着牙喝下了这杯又浓又苦的恶心饮料。他吃不下别的东西，他不饿。

到医院后有人告诉他朱莉醒了。马西米兰走向房间，透过玻璃，看到妹妹正坐在床边，混沌的目光盯着墙，双腿悬空，微微摆动着，她驼着背，好像全世界的苦痛都压在她肩上。他从半掩的门探进头去。

"朱莉？"

没有反应。马西米兰轻轻敲了敲门表示他到了，然后又试着说了一句。

"朱莉？是我……"

朱莉冲哥哥转过头。她看着他，却一副没有认出他的样子。马西米兰注意到她脸色苍白，还带着重重的黑眼圈。他感到心像是被翻了过来。但比起接下来他听到妹妹嘀咕的时候受到的震动，这都不算什么：

"滚开……"

简单的两个字，却如此无情。朱莉转回身又开始盯着墙壁，双腿又开始摇晃，探视结束。

身体像中弹了一样沉重，马西米兰蹒跚地走向住院医师办公室。蕾蒂西娅忙着处理文件，飞快敲击着键盘。

他敲了敲敞开的门。蕾蒂西娅终于抬起了眼睛。

"啊，是您？您看过朱莉了吗？"

"她……她不想见我。"

这位住院医师叹了口气，送给他一个表示理解的微笑，这让他多少好受了一点。

"在这种打击之后有这样的反应并不稀奇。您不要太难过。您的妹妹有什么怨恨您的理由吗？"

"过去的几周以来，我没有做到应有的陪伴……"

"啊。我们尽力而为就好，不是吗？您知道，她这样反应很大一部分是抑郁造成的。"

"嗯，我明白……"

"她不能待在这里超过 48 小时。之后有必要给她找个好的疗养院。让她慢慢恢复……尤其是必须有人时刻看护！"

"我会安排好的。"马西米兰用干涩的声音答。

"给，我帮您记下了橙水诊所的相关信息。我认识那里的领导班子。那是个很好的诊所。"

马西米兰拿过纸条。字母好像在他眼前飞舞，进不了脑子。怎么会这样？

"虽然她不想见我，但我还是每天都会来的。有什么事情，请立刻通知我，不管白天还是晚上。"

"好的。"

马西米兰千恩万谢了蕾蒂西娅对他妹妹的照顾，她做得真的很出色，然后向她告了别。

他出来的时候，感到日光刺痛了眼睛。难道是昨夜哭过后眼睛变得异常敏感？他走在街上，惶惑不已，发生了这么多事情，他没办法好好思考。脑袋里像是有一只疯狂的仓鼠，把罪疚感的轮子踩得滴溜溜转。如果他能陪陪她，抽出时间来听她说说话，安慰一下她，或许还能给她点建议？那样他应该可以在她做出这样极端的举动之前感觉到点什么，发现点端倪！

不过，他的权力型雄性症状显然在他和他的情绪之间放置了一个屏障，隔绝得如此彻底，以至于他没有收到任何预警信号。他把自己的外壳建造得如此坚硬，他当然得以把自己保护得更好，但也与世隔绝。也是因为这样，他才没有注意到他妹妹的痛苦。他在街上漫无目的地走着，和来往的行人擦肩而过，他们对他的悲伤漠不关心。他只是个忧郁的无名之辈。他这样走了多久了？

他不知道。

罗曼的面孔进入了他的脑海，一个想法浮现出来——给她打电话，跟她说说话……她很了解雄性症状，她知道他的问题。她或许能帮他，或至少能理解他，不会像别人那样妄下冷酷的论断？他需要有人安慰。电话里响了6声，随后进入留言模式。

很不幸，罗曼联系不上。也可能是她不想接？他不敢留言。很明显，老天并不眷顾他。马西米兰又开始漫无目的地走，这是他人生中第一次感到如此迷茫，如此孤独绝望……

22

你还可以再抢救一下

心理疾病不可怕，求助是勇敢者的行为。

罗曼很久没有睡得这么好了！疲惫终于战胜了连续多日的紧张。她终于在大脑中圈出一个遗忘之穴，让自己把关于马西米兰的一切都扔进去，给自己的思想一个应得的休憩。心情很愉悦，她给自己冲了一杯咖啡，配上街区里最好的那家面包坊烘焙的谷粒面包抹果酱。她边品尝着美味早餐，边想着这一天的行程以及各种会面。她同意充当几位学员与他们亲属间的调停人，原原本本地让他们的亲属了解到他们在参加项目后取得的进步。她要去见托马斯——埃米莉的儿子，他在当厨房学徒。然后要去见帕特里克的前妻，她非常希望自己的努力可以换来他们的和解。

罗曼叹了口气。她知道这次任务并不简单。因为每次都是这样。但正因为有难度，她才更愿意去做！她要发动一切力量使学员完成转变的可能性最大化。哪怕冒一点险……但他们值得她这样做，不是吗？罗曼对他们有感情。难道他们不是一群在别人耸耸肩拒绝自我反思的时候敢于尝试改变的人吗？时不时地，马西米兰会从遗忘之穴里蹦出来跟她打招呼。他太早放弃了。他做出了选择，我们没法强迫任何人……但什么东西仍然烦扰着她。她了解那些有雄性症状倾向的人格，她懂得分辨那些无药可救的人……马西米兰，她觉得他是可以被改变的那一类。当然，他有不少毛病，但他本质上是好的。她可以发誓！他本可以在这个项目中学到很多东西的。别再拿这件事跟自己过不去了。向前走，罗曼，她自言自语地发动了汽车。

开了一个半小时，车里放着能让她清空头脑的背景音乐，她来到托马斯工作的地方。这次，这个男孩同意见她，并且准备好在休息时间跟她聊聊。这已经是一个不错的信号了。罗曼自我介绍的时候，他很直白地说，他们有 10 分钟。罗曼拿出平板，给他看他母亲为了理解他的激情和未来的职业，在交换座椅时当帮厨的视频。罗曼从托马斯的眼睛里看到了困惑。

"她很努力地在尝试，你知道吗？"

小伙子用衣服里衬蹭了蹭鼻子，低下头，一副疏离的样子，掩饰自己的感情。

"她很难过，我毫不隐瞒地告诉你……她比任何人都爱你，我觉得她真的认识到了过去的错误。只需要你的一个回应，她就会张开双臂迎接你回家……"

"我还没准备好！"托马斯皱着眉说。

罗曼知道不应该操之过急，要慢慢感化他。

"我理解。但就算你还没准备好回家，给你妈妈发个短信也很好，或者最好打个电话？做点表示？"

托马斯又瞥了一眼妈妈做帮厨的定格画面，然后点了点头表示他会这样做的。

罗曼暗自高兴。这是个不错的开端。目前来看，再没什么可期待的了。她热烈地感谢了他，在出发前问他：

"告诉我，我听说你在厨艺方面很有天赋？你愿不愿意参加'明日大厨'节目？"

托马斯的目光亮了亮，但他耸了耸肩，露出一副缺乏信心的*我不知道*的表情。

罗曼给他一张名片。

"你可以发短信告诉我。我认识制片人，他可以让你去试镜……谢谢你抽出时间来见我。希望很快再见到你，托马斯！"

男孩儿冲她挥手告别，她却已经走远了，回到了车里。

罗曼手握方向盘，前往下一个目的地。帕特里克的前妻热情地接待了她。很乐天，罗曼默默评价道。她简直就是帕特里克身边的一颗珍珠，他真是幸运啊。让这样一个友好善良的人忍无可忍，他一定做得很过分……珍妮给罗曼端上美味的点心——可口的绿茶配几个马德莱娜蛋糕，是珍妮为了迎接她而亲手做的。她住在一个小房子里，刚刚够她和孩子生活，但布置得很好看，收拾得很整洁。

一谈起帕特里克，她脸上微笑的面具就出现了裂纹。珍妮有一大堆的心事、难言之隐、沮丧和变成失望的爱情不吐不快。

随着时间的流逝，珍妮在丈夫眼里变得越来越透明。他不把她的事当回事——她想发展的生意、孩子还有其他所有事，她对此感到很受伤。他那种可气的态度让她觉得，他嫌她赚的钱不够多，好像她的网店只够他的零花钱！渐渐地，她也不愿再花力气吸引他的注意力，或是努力让他开心。再之后她甚至会忘记自己，忽视自己。她没时间享受生活，没时间关注容貌！争吵成了家常便饭……直到极端的厌倦。在一个远亲的婚礼上，大家喝了很多酒，帕特里克表现得完全像个流氓，甚至在她眼皮底下把手伸进一个小姐的裙底，干着和他说的话同样恶心的事。这是忍无可忍的羞辱。

罗曼看着这位受伤的女士的脸，她的这些知心话使婚姻中的雄性症状显露无遗。罗曼最后把手放在珍妮的手上，表示安慰。

"您一定很痛苦……"罗曼同情地说。

"要怎么做呢？"大概是憋了太久，珍妮大声说。

"您知道吗，有一些很好的应对方式可以避免这些令人痛苦的不公。"

"现在太晚了……"

"永远不要说太晚，珍妮。为什么不来参加我们的反雄性症状自卫课呢，您感兴趣吗？"

"嗯，为什么不呢……"

"无论如何，我想告诉您帕特里克参加项目以后都经历了什么。您会认不出他的！您离开了，这狠狠地刺激了他。我很少见到像他那么积极的！看看他准备为您做什么吧……"

罗曼把帕特里克的座椅交换小视频给她看，他帮米娅给孩子穿衣服，帮忙做家务，准备包裹的配送，她也自己经营着一家小公司……

罗曼不再多说。她感到一颗种子已经生根；要给它时间发芽……她决定告辞了。两个姑娘热情地握了手。

"自卫课程您要参加吗？周四上午 10：00 有一节课。"

"好的，谢谢您，罗曼……"

罗曼开回 Q 势公司的时候电话响了。她扫了一眼手机，看看是谁打来的。马西米兰·沃格？她差点冲上人行道！她的心跳达到了 130，这是剧烈情感波动的表现。她当然没法接电话，因为在开车。百爪挠心，捶胸顿足，罗曼只能任它响着。不管怎样，如果是重要的事他会留言的！但是她的大脑边缘系统，就是主管情绪的那部分，命令她停在路边，去听语音信箱。失望——没有留言。算了吧，她坚定地对自己说，但是心里明白自己其实一点也不坚定。她总不能都不知道他要干什么就给他打回去吧？罗曼重新上路，愤愤不已。

23

失去才会更懂得珍惜

一个人知道了自己的短处，能够改过自新，就是有福的。

罗曼在 Q 势公司和父亲一起连续工作了 3 个小时。他们晚餐点了寿司，这样可以节省一点时间。她很喜欢和父亲一起度过的时光，她感到两人之间有一种不用言语交流的默契。他们并肩坐在剪辑室里，看了很久的视频片段，思考应该选择哪些。罗曼在准备给学员的下一节课，她需要父亲帮她理清思路……他们换视频的时候，罗曼的手机在包里震动起来。她拉开拉链，看了一眼屏幕。又是马西米兰？这是他今天第二次给她打电话了。让·菲利普偷偷看了一眼。这是他身上唯一让罗曼不满的地方——父亲总是干涉她的私生活。他想了解她生活的全部，哪怕是她不想让人知道的部分。

"不认识的号码，我不接了。"她用轻快的语调说道，为了掩饰她再一次接到马西米兰电话时的失措。

隐瞒事实，这不是什么大错吧？铃声不停地响着。罗曼低声发着牢骚。这个人厚着脸皮退出了课程，还指望她随叫随到？没门儿！不管他想说什么都等等再说吧……她按下红色按键挂断了电话。

22：00，她和父亲告别的时候，父亲紧紧地拥抱了她。

"我的大姑娘！到家给我发短信啊。"

"爸爸！"罗曼无奈地反对。

他无法抑制自己过度保护她的冲动，她也任由他这么做。说到底，这又有什么不好的呢？有时，她意识到自己让他过多地参与到自己的生活中来，而且他们有点过于形影不离了。当她又要去过自己的生活时，他会怎么样呢？他会不会为突然再次产生的距离感到痛苦呢？这个想法使罗曼有点难过。所以她一点也不盼望这一天的到来。

一到家，罗曼就把钥匙丢进杂物筐，迫不及待地脱掉衣服，去洗渴望了几个小时的澡。

水顺着身体流下，赶走疲劳。热热的水流冲在她的脖子上，像是在按摩。罗曼关掉喷头，浴室里已经充满了蒸汽。她穿上浴衣，用浴巾用力地揉着头发。一身示巴女王的打扮，她走进厨房，煮上一壶水，准备泡一杯喝的，然后回到客厅，打开电视。啊，对了，我爸，短信！她想。她从包里拿出手机，发现错过了一个电话。又是马西米兰·沃格！罗曼再一次感受到自己心跳加速。他到底想干什么？她火气上蹿。道歉？他后悔放弃课程了？但是为什么要一次又一次地打电话，尤其是这么晚的时候还在打？23：15！啊，这次他留了言。听到他不稳甚至是绝望的嗓音，她很吃惊。他怎么了？罗曼快速给父亲发了晚安短信，不紧不慢地喝了茶，吹干头发，舒服地坐在沙发上，决定给马西米兰打回去……电话响了4声，没有人接。刚要挂掉，一个空洞的声音在电话那头响起。她抖了一下。

"喂？"

"马西米兰？"

"嗯？"

"是……是我，是罗曼。罗曼·加德纳。"

电话里安静了好一会儿。罗曼想，这个电话可能打得不是时候。

"现在打给您恐怕太晚了？"

"不不不！"马西米兰大声说，"谢谢！非常感谢您给我打回来……我真的非常……高兴听到您的声音。"

"那，到底是怎么了？我看到您给我打了好几个电话……"

"是的，没……没错。原谅我打扰了。我真的很需要跟您说话。"

她从没听过他如此含糊不清、如此犹豫地说话。

"马西米兰，您听起来很让人担心。发生什么事了？"

"是……是朱莉……"

好嘛。他脸皮真够厚，给她打电话来聊另一个女人！罗曼的手狠狠抓着手机。

"啊……"

"她……她是我的双胞胎妹妹！"

什么？双胞胎妹妹？罗曼吐出一口气，莫名轻松。

"发生什么事了？"

马西米兰对她全盘托出。罗曼静静听着，一直没有打断他，只偶尔鼓励他接着说下去，不知不觉就被电话那头沙哑低沉的嗓音迷住了。然后马西米兰不说话了。罗曼听见他在吸鼻子。

"马西米兰？您……您在哭吗？"

"没有，我从来不哭！"

换作是别的情形，罗曼会被这种逞强逗乐。但现在是0：20。他们已经说了好一会儿了。而且话又说回来，一个问题仍然悬而未决。

"马西米兰，为什么给我打电话，为什么是我？您没有朋友或是家人吗？"

"我……我也不知道。我真的非常想听您说话，您。我还想跟您说放弃您的项目我有多抱歉。我后悔了……我想……我想我真的需要继续上课。"

一个像他这样的男人，这样承认自己的错误……罗曼有点享受这种像是胜利的感觉……

"罗曼……"

"嗯？"

"我可以回去上课吗？"

现在，罗曼确确实实有些小得意，但她不想显得太好说话。

"现在可不是说这话的时候。"

"求您了，罗曼。"

我去！他是认真的！他是怎么发出这么迷人的嗓音的？对这样的声音怎么好拒绝呢？

"再说吧，好吗？我考虑一下……"

"罗曼？"

"嗯？"

"您愿意再和我聊一会儿吗？"

怎么回答？罗曼不自觉地抱紧自己，浴衣紧紧贴着身体。

"可以，"她叹了口气，"但是不能太久！"她觉得必须把话说清楚。

"您真好！"他回道。怎么说呢？罗曼觉得自己的举动不单是因为人好，但最好让他这么以为……马西米兰继续跟她谈他的妹妹。从他们小时候说起，说他们之间不可思议的默契，说他们一起捣蛋后受到的惩罚，说他们形影不离的关系，一直到上大学以后他们渐行渐远……而罗曼则谈了她"以前的父亲"。聊天的过程中，罗曼感觉到马西米兰的声音重新恢复了生机，之前他的声音是那么冰冷。他们聊得停不下来。几分钟变成了几小时，而他们好像超脱出时间之外，被包裹在虚幻之中，一起度过这个奇怪的夜晚。过了一段时间，罗曼走进卧室，躺在床上。她缩在羽绒被下，把手机夹在枕头与耳朵之间，半阖着眼睛，听马西米兰说话，声音那么近，好像他就在那里，躺在她身边。多奇怪啊……

"您还在听吗？"他有点担心。

"在。"

"您睡了吗？"

"快了。"

"那我不打扰了……"

但是他听起来不大情愿……

"嗯。如果您想的话，马西米兰，我可以在您入睡前不挂电话……"

"可以吗？"

"是的……"

"罗曼？"

"嘘！睡觉时间！"

"不，没什么。只是想说，谢谢。"

罗曼关灯的时候面带微笑。

第二天早上，罗曼醒来的时候，她一下子没反应过来为什么手机缠在头发里。然后她听到电话没有挂断的嘟嘟声，这让她想起了昨晚的情况。马西米兰和她在两人交融的呼吸声中入睡。伸懒腰的时候，关于这奇怪夜晚的记忆围着她的神经元转圈，她自问这到底是好是坏。

她一只脚下了地。右脚。根据民间迷信^①，罗曼觉得这是件好事。

---

① 西方人认为右边吉利，左边不祥。

24

你要证明给我看

每个人都应该自己争取第二次机会。

　　马西米兰来到 Q 势公司门前，想着五分钟之内，他就可以见到罗曼了。她在课程开始前半小时约见他，以便有时间，用她的话说，"把事情说清楚"。他感到前一天她给他打电话时的语气和那晚大大不同。是一种坚定果决的语气，好像一下把距离拉远了。这让他莫名地感到惴惴不安。那晚他感觉离她那么近，虽然最近的日子很难过很混乱，但他不可抑制地对两人之间的联结感到心神不宁。也或许是他自作多情，是疲惫的大脑以及压力使他产生这种幻觉？

　　芳汀来给他开门，送给他一个大大的表示欢迎的微笑。真迷人，马西米兰想道。但罗曼的到来使这位年轻同事黯然失色。

　　"马西米兰。"

"罗曼!"

他们中规中矩地握了手，目不转睛地盯着对方。马西米兰想从她的目光里发现一些那晚遗留下来的亲密的踪迹，但什么也看不出来。罗曼·加德纳敞开了一半的窗户又关上了，甚至连窗帘都拉好了。她带他来到一间他还没有进过的小会议室。罗曼请他坐下，问他需不需要水。他觉得自己在找工作面试！他憋住不笑；这样滑稽的场景让他觉得很离奇。他没有要水，罗曼也坐了下来，正式开始会面。她非常职业化地总结了近况。

"所以，在自愿退出去雄性症状项目后，您又决定重新加入，原因是您和您的双胞胎妹妹之间发生了一些不幸的事,我说得对吗？"

"是的，非常正确。"

法官女士，他很想加一句，如果对面的罗曼不是一脸严肃的话。现在还没到开玩笑的时候，他感觉到罗曼在很认真地对待这次会面。

"您应该知道您之前在 Q 势公司表现不佳，这对您重新回到课程是非常不利的。"

马西米兰想自己是不是应该垂下眼睛，耷拉肩膀。他实在不习惯摆出一副悔过的姿态。这次经历很离奇，但不无趣。

"我知道，但我从今以后准备好全身心地投入课程了。"

他说这话的时候自己都感到万分真诚，这使他很震惊。朱莉的事起了很大作用，但不是唯一的因素。有什么东西驱使着他想要改变罗曼对他的看法。她好像对这样的回答很满意，但还是没有放低姿态。

"好的。我准备给您第二次机会，但要说清楚的是……"

"什么？"

"我不允许您再出任何岔子。您一旦故意不配合，我就永远把您拒之门外。同意吗？"

很久没有过哪一个女人这样对他说话了。马西米兰听到自己顺从地表示同意，自己都吃了一惊。

"我真想给您送上鲜花表示欢迎。"

"我知道。"

"您要证明给我看您说的话是可信的。"

马西米兰向罗曼探着身子，好让她清楚地看到他的决心。

"您可以相信我。"

这句话起到了"芝麻开门"的效果。罗曼冲他热情地微笑，又一次向他伸出手，像是给他们心照不宣的共识盖章。马西米兰假装无视触电般的感觉，一下子站起来。罗曼也是。他比她高半个头，发现她眼里闪着愉快的光，她应该在品尝着胜利的喜悦吧。但是，从她的语气不难明白，他应该撸起袖子了，是时候行动起来了。

"5分钟后和其他人在大厅见面。要开始了！"

好的，长官！马西米兰想道，觉得在别人身上看到和自己一样的干劲和决心很有意思。罗曼·加德纳转过身去，没忘记向他丢去一个挑衅的眼神，好像在说"证明给我看"，她知道自己成功激起了这个喜欢挑战的男人的斗志……

25

自由快乐计划

真正的自由是懂得付出，把我们拥有的最美好的东西送给别
人，而不是以自我为中心，总想得到更多……

罗曼对自己在和马西米兰会面时的表现感觉挺骄傲。但是她
也很庆幸马西米兰不会读心术——如果会的话，他一定不会失望
的。真相是，在面对面的交谈中，她为了保持姿态几经挣扎，筋
疲力尽。

在和学员们会面，开始新的一课之前，罗曼去厨房喝了一大
杯水，享受了两分钟的平静时光，然后迈着坚定的步子回到教室。
马西米兰重新坐回学员中间，他们不失时机地用很多问题轰炸他，
想知道他之前为什么没来。罗曼让大家安静。

"正如你们看到的，马西米兰重新回到我们中间参加课程。"

所有目光都转向他，尤其是娜塔莉，她好像格外愿意看到他

回来。集中注意力，罗曼！

"至于其他人，谢谢大家都聚在这里。今天，我们开始一个新的模块，一个很有挑战性的任务，好让大家能够找到一种新的精神状态，让大家更多地关心他人，做出更多贡献，建立新的价值观，比如善良和体贴……"

"您是想把我们培养成特蕾莎修女，我的天！"布吕诺哈哈笑着说。

"同志仍须那么点努力，"罗曼用相同的语气调侃着，"没错，在今天，当我们说到善良体贴的时候看起来有点老套……但是，这些价值观自有一种强大的力量，非常强大，但不幸的是，没有什么人知道。"

为了扯回正题，罗曼走到桌子旁边打开投影仪。一些人群的画面出现了，这些人在相互拥抱……

"你们知道这种向行人做出亲热举动的自由拥抱活动吗？"

大家都表示知道。

"那么，我想让大家做的就是构思一个与我们课程相关的、和自由拥抱同一性质的活动……你们可以向公众推出怎样的活动来宣扬善良与体贴、宽容与乐观这样的价值观呢？"

学员们有点错愕地互相看了看。罗曼建议来一场头脑风暴，把想到的点子不加斟酌地全都说出来。她看到马西米兰参与到练习中，颇受感动。只要他愿意，就能带动整个小组往前走。这一课成果颇丰，他们的思路不错，只是需要继续深入挖掘……

接下来几天，学员们又私下见了一次面，以完善构思。在下一次上课的时候，他们已经准备好介绍他们的计划了。罗曼很想知道他们会带来什么样的计划……马西米兰负责协调和分配任务。他把一张硬纸板放在一个画架上，上面蒙着一块黑布，制造点神秘感。布吕诺掀掉黑布，揭晓了组织的名字和徽标。罗曼饶有兴致地看过去——自由快乐组织。布吕诺首先进行讲解：

"我们想蹭一把自由单车的热度，自由单车让人更方便地骑行。我们呢，我们希望让尽可能多的人能够更容易地获得幸福感……"

"至于标志，我选择了振翅飞翔的白鸽形象，白鸽由各种单词拼成，比如微笑、团结、善良、宽容……当然，在正中间有一颗漂亮的玫瑰色的心。"帕特里克补充道，显然对自己的作品有点小骄傲。

罗曼深感赞赏。她可以摸着良心说自己很享受这样的时刻，因为这样的积极参与意味着学员们很赞同她的主意……

娜塔莉肯定坚持要跟马西米兰一起准备说明会来着。一个是联络代表，一个是商界精英，他们都经常参加概念说明会。显然，他们事先分了台词。

"我们最初的想法，"娜塔莉开口道，"就是要指出那些社会问题——消费文化的过度充斥，一切向钱看的风气……物质主义成为生活的支柱，结果大家遗忘了一些重要的价值观。"

她转向马西米兰，示意他接着说。多默契啊！有点气……

"所以我们想，"商人补充道，"通过我们自由快乐组织的街头活动，100% 的志愿活动，散发一些新型钞票——不是银行的那种钞票，而是智慧和好心情钞，还有一些快乐箴言之类的。目的当然就是推广一种新的精神状态，宣扬乐观、利他、善良和博爱！"

毫无疑问，马西米兰懂得如何抓住听众。罗曼陶醉于他有穿透力的嗓音还有声音里的那种平和。整个小组好像都受他领导。除了帕特里克，他有点没好气地看着他。显然，他对马西米兰受到的众星捧月有点不满……

"最后，这一活动是要传达这样一个信息，就是'真正的自由'是懂得付出，把我们拥有的最美好的东西送给别人，而不是以自我为中心，总想得到更多……我们的核心思想是'幸福的钥匙在我们所拥有的，而不是我们没有的东西里……'"

罗曼感到万分惊讶。学员们等待着她的反应，她简直不能抑制自己的激动之情。

"我非常喜欢。太棒了！你们一起完成了一个非常棒的计划！接下来要做的就只剩实施了！我会和我的团队一起来促成这第一次街头活动……"

在接下来的几天里，Q 势公司忙着打印贴到"三明治人"[①]纸壳上的海报，学员们打算用这种方式吸引行人的注意，还准备了很多做成钞票样子的快乐纸币。

紧接着，罗曼组织了一次课程，教大家保持微笑的艺术。她在教室里放了和学员人数一样多的镜子，让他们自己练习。看到那情景，罗曼觉得所有苦心都是值得的！

马西米兰对着镜子练习。微笑，不笑，微笑。罗曼从他身后经过。

"我不确定我做得到！"马西米兰诉苦道。

"可以的，您的方法是对的。"

---

① 挂广告牌的人。

罗曼站到他后面让他把手放到胸口。

"现在，您要从内心深处体会积极的热烈的善意。"

"我做不到……我不知道应该怎么做。"

"您能想到一件您经历过的或者和您相关的事情，让您体会到类似的情绪吗？"

"嗨……有的，我想起来了，在我去亚洲旅行的时候，我遇到一位妇人拿着并不富余的东西去周济一个可怜的男人，我特别感动。我还记得那个男人的眼神，满满的感激在他眼中闪光。那真是个美丽的场景……"

罗曼已经在心里像只表演海狮一样给他鼓掌了！没错！他开窍了！但在回应之前，她还是调整成一本正经的态度。

"就是这样，马西米兰！经常想想这个场景。让这种情感充分地占有你。在街头活动冲行人微笑的时候，用你的微笑传递这份美好。"

马西米兰转向罗曼，冲着她露出一个让她当场呆住的微笑。他学得真快。

罗曼有点失魂落魄地快步走开，去看其他学员的进展。

在接下来的几天里，学员们更卖力地准备着，这让罗曼想要扩大这次活动的声势。她提前告诉媒体，让他们来报道这次活动，还在社交网络上建了一个专门的页面，发动各种关系请大家转发。终于，大日子来了。

Q势公司的会议室被改造成了准备工作的总指挥室。这里呈现出一种沸腾的状态，所有人都在到处跑来跑去。换装时间到了。但是马西米兰看到发给他的制服时，直接炸了毛。他永远不可能穿上这样荧光粉的衣服，虽然上面印着"自由快乐"的标记！

罗曼忍不住想调侃他。

"您错了，您穿上一定很可爱！"

马西米兰丢给她一个黑洞洞的眼神，争论结束。

"小小运动员。"帕特里克补刀，他不会错过任何让对手吃瘪的机会。

马西米兰耸了耸肩，并表示坚持自己的原则。他可以穿西服打领带做"三明治人"，或者罢工。做出努力是一回事，变成滑稽小丑是另一回事。一百头驴也拉不回一个倔强的马西米兰。最后，组里所有男性都受到了他的影响，包括帕特里克，只有女士穿了粉色套装。服装问题解决了，队伍终于准备好上路了。

Q势公司已经事先准备好一辆坐得下所有人的小巴士。目的地——特罗卡迪罗。他们不知道能不能使钢铁女侠埃菲尔铁塔弯弯腰，但是他们很希望能在巴黎灰色情绪的海洋里加一滴乐观的水珠。

让·菲利普在广场前停下小巴士，让学员们下车。他们快速戴上"三明治人"广告牌。罗曼毫不掩饰自己的雀跃心情，从头到尾都在摄像。不久之后，几个记者以及摄影师来到这里。路过的行人被吸引过来，他们好奇地想知道是什么活动。罗曼听到他们中有人大声说"这又是在卖什么"。自由快乐组织的成员开始热情地分发免费小卡片、代表真实价值的假钞、箴言和暖心的话，这样的举动让路人感到吃惊，但反响也很热烈。

一家电视台来采访他们，但是马西米兰躲到了一边。他不能让自己出现在这样的报道里。作为一个商界名人，这样做无可厚非。重要的是他参与了，罗曼想道。

商人趁这个时候凑到她身边，好像想开开玩笑，给自己来个中场休息。

"太强了，您这个天外来客似的组织……我竟然当了'三明治人'，真是开眼界！这种点子您还有不少吧？"

罗曼笑了。

"承认吧，您喜欢这个点子。"

"喜欢倒还不至于，我觉得这个活动……很有意思！而且在这么短的时间里受到这么多善意的支持真让人高兴。这可真是不同寻常！"

"要不要在生活中创造更多这样的体验，完全取决于您。"

"是的……我感觉跟着您受益匪浅！"

他向她投去一个表示两人心有灵犀的眼神，这让她心动了一下。然后他离开了她身边，继续投入工作。罗曼看到他走向行人，分发智慧券，非常佩服他的交际能力。多么能说会道啊！如果他是个兜售领带的不法小商贩一定业绩不错！

一个小时后，学员们集合起来盘点。成捆的纸币都发出去了，任务轻而易举地完成了！是时候返回 Q 势公司了。大家都上了让·菲利普开的小巴士。一开始大家讨论热烈，然后是一片安静。不是那种空虚的寂静，而是充盈的安宁。每个人都在心里回味着这次充满新鲜感的体验，很高兴自己给这些匆匆忙忙、神经紧张的都市人送去了些许快乐。

罗曼看了一眼后视镜中的学员，很高兴地发现他们的脸庞发生了微妙的变化。

26

好好照顾自己

照顾好自己是给身边亲朋最大的安慰。我把这叫作光辉普照的自私。

"该死的车!"马西米兰坐在租来的小菲亚特里,手握方向盘,咕哝着。

他更习惯坐车,或者开美式自动挡汽车,这种老掉牙的离合器他用不惯,总是在换挡的时候弄出怪音……有那么一会儿,他想要咒骂给他安排这次新任务的罗曼——为了让他学会所谓的"谦卑",她规定他一段时间内不能使唤司机。

但是……现在不管她做什么,他都越来越恨不起来。必须承认,他没法对这个令人震惊、离经叛道、让人火冒三丈的女人无动于衷。马西米兰想办法替自己辩解——徒弟倾慕师傅不是很常见吗?可能是这样吧……而且他不应该动别的心思,不能放纵自己的感情。他给自己这些不着调的想法下了严厉的判决,因为妹妹此时还过着灰暗的日子，陷在抑郁之中，而他对此无能为力。朱莉需要他。即便她现在不想和他说话，他也相信爱和坚持最终会换得她重新敞开心扉，原谅他之前没能相伴左右。总之……他希望如此……为了朱莉能重新找回生活的乐趣，重拾对他的信任，他愿意移山填海，并发誓永不辜负。

目前，他止按照乘客座椅上放着的那个粉色信封里的要求做事。罗曼前一天晚上把信封交给他，说里面是任务说明书，还要求他一个人的时候才能打开。马西米兰甚至想这封信会不会阅后 10 秒自焚。但什么也没发生。信息很简短，一个地址和几句简洁的话：*祝您去往感官之国旅途愉快。因为好好照顾自己是有意义的。*

一路上，马西米兰都在对这个神秘地址想入非非……罗曼还给了他第二个信封，这回是蓝色的，只能在任务之后打开。他当然很想现在就打开。又有谁会知道呢？但他还是忍住了，觉得应该保留这个惊喜的效果。

马西米兰到了信上说的地方，对于眼前出现的 SPA 会所一点也不感到惊讶。一个一看就像是老板娘的女人热情地迎接他进去。

"您就是沃格先生？欢迎光临。我们在等您……姑娘们已经在准备封闭式盐浴了……"

"准备什么？"马西米兰马上担心地问。

老板娘和气地微笑着，像是想要披荆斩棘进入马西米兰的大脑说服他，但他无动于衷，还是非常害怕盐浴。

"您大致了解吧？"

当然不了解！马西米兰心里蹿火。

老板娘没有对他的坏脾气表现出丝毫不满，淡定地解释着盐浴的好处以及它超——棒——的概念：

"这是一种独特的与世隔绝的感官体验……"

听到与世隔绝这个词，马西米兰反射性地感到幽闭恐惧。那位女士继续说着：

"这个蚕茧式的浴缸里盛满放了镁盐的水，水温恒定，保持和您的体温相同……"

"会发生什么？"

"您会漂起来。毫不夸张地是漂，水会托起您的身体，"她强调道，陶醉于自己的推销词，"这样您的肌肉会得到放松！这是一个独特的轻松时刻，对缓解压力、改善睡眠质量、促进注意力和提升创造力有奇效！"

马西米兰冲她微笑，暗暗希望那张滔滔不绝的嘴闭好。一个女人从一个治疗间里出来，旁边陪着一个穿收腰工作罩衫的年轻姑娘，他觉得后者应该是工作人员。从她保养得宜的身形来看，那个女人应该是这里的常客，她一副花痴样地看着马西米兰。一个帅哥迷失在美容会所！也许他需要引导，可怜的小亲亲！马西米兰正想溜之大吉，但是老板娘贴过来挡住他的去路，把他往这座享受的殿堂里面推。

"请往这边走。"

马西米兰无可奈何地跟她走。他们穿过五光十色的摆件，禅宗的雕塑和佛像应有尽有，还有熏香蜡烛、东方风情的镜子。

他们来到一个房间，里面放着一个奇怪的艇样设备——茧式浴缸闪亮登场！马西米兰还不知道这次体验会不会像在太空里一样，但至少这个设备像极了太空舱。老板娘按了一个按钮，茧打开了，它的上部像白色甲壳虫的壳，掀了起来。里面的水像一颗明珠，这块纯洁的珠宝让人不可抗拒地想要进去泡一泡。从进门起第一次，马西米兰想要体验一下了。

老板娘于是走向一张漂亮的桃花心木小桌，拿起上面放着的遥控器，开始调整浴缸里灯光的颜色。水愉快地变装，被映成蓝色、绿色或橘黄色。

"您想要哪个颜色？"

"蓝色就很好，谢谢。"

"好了！蓝色泻湖！保证您泡得舒心！"

"如果您都这么说了……"

老板娘教给他使用方法——在泡澡前后必须要淋浴，耳朵里塞好耳塞，防止盐进入鼓膜，三角游泳裤（选用），凡士林可以涂在可能有的伤口上或皮肤发炎处（省得被盐蜇痛！），按钮可以控制"茧"盖的开关……

"还有这里，喷雾和海绵手套，万一您把盐水弄到眼睛里，可以用这个擦。时间一到，'茧'会自己打开的。祝您体验愉快！"

"非常感谢。"

现在，一个人。

"罗曼！您把我置于怎样的境地呀！"马西米兰叹着气脱下了衣服去冲澡。他用力地给身上头发上打了香皂，随着水从脸上流下来，他越发进入状态了。这一切都是前所未有的。他多久没有让自己好好放松哪怕是一个小时了？十几年了吧！

马西米兰决定光着身子进到茧里。一只脚，然后是另一只，直到完全躺下。他把一个浮枕放到脖子下面让自己躺得更舒服一点。耳塞隔绝了外界的一切嘈杂，让他更好地进入纯感官的泡泡里。他觉得自己准备好了，伸出一只坚定的手按下了大按钮，完全把茧封闭起来。他的心脏随着盖子关上时发出的声响惊跳了一下，那声音听起来像阖上棺材。现在，他在那里，独自一人，面对自己，面对自己的感官。他到底感觉到了什么呢？

马西米兰发现自己并不经常问自己这个问题。他现在灵魂出窍了吗？这样密闭的空间使他感到转瞬即逝的紧张。但很快，温暖的水和光亮包裹着他，战胜了他的紧张。

这种感觉太不可思议了，他真的漂起来了！他的四肢没法浸没到水里去，总是浮起来。不再受重力束缚，从外界刺激中解脱出来，马西米兰明白这次旅行首先是心灵的旅程。他的脚和生殖器都像是不再属于他，而是放在那里的物件。多么奇怪啊！他闭上眼睛任由思绪飘散。起初，思想飘过他的灵魂，就像天空上飘过云朵。然后它们变得越来越稀少。难道这就是所谓的放空？也许吧。有一阵，马西米兰想到他感觉到的应该和在子宫里的无忧状态差不多。是的，他回到了羊水中！轻轻地，他慢慢做了一个推的动作，滑向池壁，然后他又用一根手指推了一下，让自己漂向另一边。是的，在母亲肚子里的时候大概就是这样……但这9个月的孕育时间难道不是她给予他的绝无仅有的母性时间吗？这个想法让他甜美的梦境飘过一缕阴云。他觉得有点太热了，于是把茧打开一点，透透气。他呼吸了一口新鲜空气像咽下一口冷饮。过了一会儿，他再次把茧阖上，很不巧，一滴冷凝水滴到他脸上，缓缓流向眼睛！水滴慢慢移动，这种感觉折磨着他；如果他用手去擦会不会把盐弄到眼睛里？幸好，水滴很快消失了。之后商人开始觉得一个人这样漂在水里的时间有些漫长。冥想非他所长。最终，罗曼不请自来地进入梦境。时间过得快多了……

出来的时候，马西米兰感觉自己不是在走，而是在滑翔。他坐在菲亚特小小的驾驶舱等待心情平复才打开蓝色信封。感官体验的魔力尚存，他情不自禁地把信封放到鼻端，嗅着罗曼身上的香气。他觉得隐约闻到了她抹在大概是锁骨处的香水。信是手写的，字迹秀致。他在字里行间看出了她那坚定又极端敏感的性格。她身上的这种矛盾打动着他。

亲爱的马西米兰：

　　您应该刚刚经历了一次独特的感官享受……我迫不及待想知道您的感受！

　　用一点悠闲的时光，好好关照一下自己的身体，让那些"待办事项"的走马灯暂停，让自己专注于"存在"这件事上。不再一味追求速度，做一些必要的沉淀，让内在的舒适生长，这是让雄性症状倾向噤声的绝妙仪式！

　　照顾好自己是给身边亲朋最大的安慰。我把这叫作光辉普照的自私。我知道您懂的！祝愿您度过美好的一天，咱们很快又会见面。

罗曼

　　马西米兰把信读了好几遍。罗曼如此用心地给每个人都写了亲笔信？他很想知道是不是这样。她当然给每个人都写了！让每个人都体验到"独特的东西"从而正确地引导他们，这是她的工作。他不能再这样想入非非自作多情了。大概又是他的自负在作祟，他觉得自己在罗曼眼中很特别。为什么他总要觉得自己应该受到特殊待遇呢？他发动了小菲亚特，渐渐发现一辆小汽车确实可以让他找回自己的位置……成功去除雄性症状的那一天难道不是像道路尽头的圣杯那样，越来越近了吗？

27

照亮别人的生命

让我们从自己的事情中抬起头来，真诚地关注周围的世界……

罗曼从厨房的窗户向外望去。她经常这样放空一下自己，权当给自己充电。她喜欢观察对面那棵随四季更迭不断变化的大树。即使是落尽树叶的秃枝也能让她颇感触动。那种删繁就简，被冬日脱去繁缛外衣露出真容的剪影感动着她，就好像这棵庄严的百年栗树终于敢于袒露它脆弱的一面而不觉有伤颜面，要知道它是一棵雄性症状十分明显的树啊……大自然总是领先人类一步。

罗曼用了一会儿时间想象学员们的哲学感官体验会是什么样。她特意想传达不同的概念，觉得做出这些选择是很有趣的一件事。她给马西米兰选了封闭式盐浴，因为他从未放慢脚步，学会放松。对埃米莉来说，盐浴也是不错的选择。这是有象征意义的，她也需要孵化自己，而不只是她儿子，把注意力重新放到自己身上，学着少关注一些她儿子或别的什么人……

还有其他学员，罗曼为布吕诺选择了不可思议的四手按摩，因为他不太习惯放松警惕，顺其自然。帕特里克也做了同样的项目，这样可以让他重新与自己过度肥胖的身体建立联结，他有点太忽视自己的身材了。至于娜塔莉，她参加了一次西藏圣歌合唱，体会一下那种冥冥之中产生的默契是何等让人心驰神往，以及倾听他人带来的那种平和之感。

按下思想的"暂停键"、五识的"开始键"，这是罗曼享受每一天、领悟人生乐趣、获得平和心态的秘方之一。对明显的雄性症状来说更有必要这样做。因为一个尽量保持乐观、平静和内心充实的人还会再表现出雄性症状吗？不，当然不会……

让学员学会照顾自己已经是重要一步。现在，要让他们更进一步，让他们从自己的事情中抬起头来，真诚地关注周围的世界……为了实现这一目标，罗曼已经有一些点子，想到她正在为学员准备的惊喜，笑意浮上她的嘴角……

午后，她来到了Q势公司，后备厢里装满了盒子，这些是她一早上忙忙碌碌为学员们准备的奇特礼物……布置好的会议室像是为过圣诞准备的。罗曼兴奋地搓着手，希望能给每个人一个惊喜。但是最棒的礼物是15：00才送到的，连皮带骨。她把它偷偷放到另一个房间。

学员们到了，罗曼看到他们惊讶的目光感到很有趣。他们应该在想这些神秘盒子里到底装了些什么。

说到盒子，马西米兰漫不经心地走到她身边，递给她一个。罗曼挑起眉毛，表示很感兴趣，但这种漫不经心的态度多少有些虚伪。

"看，我给您从美容会所带来了一点小纪念品。"

要不要接受呢？他应该是感觉到了她的迟疑，补上一句，好让她放心。

"拿着吧。没什么的，只是个小玩意儿。"

她打开小盒子，发现是装在漂亮小瓶子里的枕边熏香，里面是薰衣草和橘子精油，外加一张字迹潦草的小纸条：熏香您的神思……感谢您让我回到这个项目。马·沃。

罗曼被这样的心思感动，但克制自己尽量不表现出来。她要完全保持中立，不能偏心，否则她就没法扮演导师的角色了！但在他面前，太难做到了……为了掩饰，她宣布开始上课。

"大家好！首先我想让大家知道自由快乐活动的最新进展——真的很不错！媒体做了很多相关报道，你们在活动中的表现也引起了热烈反响。恭喜大家！我想，通过这次活动，你们跨出了关键的一步。另外，借此机会，我想向大家建议，我们从此以后互相以'你'相称，大家同意吗？"

所有人都表示同意。

"正如你们所看到的，今天，为了鼓励大家继续努力，还有祝贺你们的进步，我给你们准备了一些惊喜。同时我也要借此机会开启新的主题。最近，你们明白了照顾好自己、保持平静和内心充实对避开雄性症状的陷阱有多么重要。"

有一个盒子动了一下，打断了罗曼的讲话。我得快点了……她咳了一下，把听众的注意力重新集中到自己身上。

"下一步就是要学会从自己的事情中抬起头来，多关注他人。

形象地说，目的就是……"罗曼故作高深地停顿一会儿。

"……变成别人生命里的太阳！"

罗曼看出，到目前为止，没有人明白她到底想说什么……她得解释得更清楚一点。

"用心、用爱去照顾别人，或某件东西，是懂得人生真谛，抵抗雄性症状坏毛病的秘诀之一……"

大家听着她说话，但目光都时不时落在神秘盒子上。

"我看出来你们等不及要看看我准备的惊喜了！这些都是很有代表性的小礼物，可以帮助你们跨出第一步。我就不吊你们胃口了。"

罗曼开始分发礼物。她把第一个盒子递给娜塔莉，她毫不矜持地扯开包装，发现里面是一盆漂亮的兰花。她好像对礼物很满意，但也有点困惑。

"兰花需要精心照料。我觉得它可以让你开始学着为其他事物贡献自己的力量……"

学员们鼓起了掌，对这种寓教于乐的方式表示赞同。罗曼此时已经把下一个盒子递给了布吕诺，他得到的是一只侏儒兔。之所以选择这个礼物，是因为罗曼在了解这个人后，很好奇他能做到什么程度，到底能对这样一个小动物付出多少温柔和耐心……罗曼相信这就是她全部的目的（而不是恶作剧）！她很高兴看到布吕诺并没有生气。相反，他好像被小兔子吸引了，一副惊讶的样子。罗曼毫不怀疑布吕诺小时候他母亲是不让他养宠物的，她可能无意中满足了一个小男孩的梦想……帕特里克收到了一对小鸟，它们一副温存甜蜜的样子，那是一种无条件的爱……也许可以启发他改变对婚姻的看法吧？罗曼如是希望。

埃米莉和马西米兰还在等他们的礼物，但桌上已经没有盒子了。罗曼在马西米兰的眼中看到一丝失落。他可能觉得她把他忘了吧，或者觉得因为他是重新加入的，所以不配得到礼物？她迅速消除了这种猜疑。

"呃，你们的礼物有些特别。放在了别的地方。跟我来……"

一队人沿着 Q 势公司的走廊走着，罗曼在最前面，埃米莉和马西米兰随后，他们后面紧跟着其他人。走到"禅房"的时候，罗曼转向了埃米莉。

"你准备好了吗？"

门开了，埃米莉发出了一声发自内心的呼喊。

"托马斯！"

托马斯有点迟疑地抱住母亲。但是他哽咽着说了她一直想听到的话：

"我回来了，妈妈，我回来了……"

学员们看到这温馨的一幕，由衷地感到开心。大家默默离开，让重逢的母子好好享受亲密时光，罗曼拉过马西米兰，他大概正在想她给他准备的是什么。她带着他来到厨房门前。

"是朱莉，对不对？"他激动地问。

罗曼把一根手指放到嘴唇上。

"准备好了吗？"

她打开门。里面没有朱莉。房间是空的。马西米兰转向罗曼，眼神充满疑问。显然，他不明白。罗曼用下巴示意他看地上。马西米兰垂下眼睛，发现一只小短腿的猫科动物，像个小绒球似的，正不亦乐乎地玩着一根绳子。

"呃……开玩笑吧？"

啊。显然，他的反应不太像激动，但要看之后怎么样……

"不，不，当然不是，"罗曼回答，"我觉得把这个脆弱的小动物交给你是个不错的主意，它需要依靠你才能平安长大！毛线球能够教会你如何温柔对待他人，它会是个不错的老师。"

"毛线球？"

"是的，这是它的名字！它多可爱呀！"罗曼把可爱的小猫抱在怀里说道。

马西米兰看小兽的眼神像在看外星生物。

"给！抱好！"

"不！我……我不会养！"马西米兰抗议道。

太晚了。罗曼把小猫塞到他怀里，商人一副窘迫的样子，好像拿着拉了弦的手雷。双方像第一次见面一样互相打量着，然后毛线球把小鼻子埋进马西米兰的羊绒衫嗅了嗅，这让马西米兰惊得跳了起来。好了，这算是自我介绍了，罗曼想道。

看着慌乱的马西米兰，罗曼觉得应该安慰一下。在他走之前，她向他保证如果一个月内他还是搞不定小家伙，它原来的主人会把它接回去……他把一应物件装好，一句话也没说，只是脸色更苍白了。

可怜见的，罗曼想道，也不知是猫可怜还是人可怜。马西米兰坐在小菲亚特的方向盘前，后备厢里装满了毛线球奇形怪状的生活必需品，罗曼又同情了他几秒钟。她给他打了个再见手势，他没有回应。哦，哦。他把这个惊喜当成毒药了吧？也许吧。但罗曼决心已定。为了光明的前景，马西米兰必须要经受这次洗礼。而且，她愿意出高价看马西米兰和毛线球如何迈出第一步……是的，她多想做他口袋里的一只小老鼠呀。这只小绒球能不能软化他硬皮革一样的心呢？能不能触动他最敏感的神经，发掘出他的温柔，让他学会关注工作之外的事呢？

有待进一步跟进，罗曼边走回办公室边这样想。

28

这只猫是魔鬼吗？

学会照顾一个生命，从养猫开始。

马西米兰努力保持神色正常，直到罗曼消失在后视镜的视野里。一看不见她，他就毫不客气地咒骂起来。她怎么能把他拖上这条贼船呢？

她和她疯狂的想法……他觉得她愚蠢的教学方法已经触及他的底线了。虽然封闭式盐浴的体验很不错……但这次！很长一段时间之内，他都不会忘记这次史诗式的穿越巴黎之旅，这个过程中旁边的小猫一直在细细地叫。可怕的猫叫声使他汗毛倒竖，就像粉笔划过黑板发出的怪声那样让人难受。

一停车，他就决定把那些养猫用具全都留在后备厢，然后只拿最少的东西——笼子和猫——上楼。他发着牢骚掏钥匙，一阵风似的冲进屋里。随手把笼子放在客厅中央。可恶的小畜牲用好

161

像永远不会停止的喵喵声持续折磨着他的耳朵。怎么才能让折磨停止？马西米兰从头到脚都抽紧了，好像在吱嘎作响。他顶着纠成一团的神经跑去拿车里剩下的盒子。猫砂、猫食盆、幼猫粮、清洁用品，还有一本 128 页的书——《如何与您的猫猫愉快相处》。开玩笑吧……

马西米兰重重地踢上门，把这些东西拖到笼子旁边。然后，筋疲力尽地，他在波斯地毯上趴成一长条。我在漂浮，我在漂浮，他试着对自己说，想要回忆起茧式浴缸里平静的感觉。但显然，他的无忧船漏水了。喵喵声不绝于耳，时刻提醒他回到现实。他把脸凑近运猫箱的栅栏，看到一个小鼻子和一张小嘴。

它长得多奇怪啊！马西米兰观察着这只动物的心形脸，典型的俄罗斯蓝猫的特征。灯光打在它身上，它的毛呈蓝色。一只蓝精灵猫，有人塞给他一只蓝精灵似的猫！

"嘘！现在，立刻，不许哭了！这是命令！"

他粗声粗气的说话声让小猫蜷缩进了笼子最里面。叫声停了那么一会儿，马西米兰以为自己胜利了。但几秒后，叫声更响亮了。

天哪！必须让这揪心的叫声停下来！可能他得把小畜牲抱在怀里？没错，他总得找到解决办法……他不再赌气，打开笼子，又对着不好用的锁发了一顿脾气。然后他把两只大手伸进去抓那只小小的颤抖的动物。他把小绒球抱到胸膛上，笨拙地用手抓着它。他看着它的眼睛，把该说的说清楚：

"你，别以为会有奇迹发生，懂吗？"

他把小猫带到厨房，另一只空着的手拿着一袋猫粮。得给它喂多少呢？马西米兰蹲在地上研究猫粮袋上的貌似是说明书的东西。他是不是得去学个兽医课程才能看懂这么晦涩的东西？算了！
他拿了一个大大的沙拉盆，倒了满满的一盆猫粮。这样它至少不
会饿死……小猫用后爪立起来，小心地嗅着食物，然后赌气似的
扭过身去。

"什么？怎么了？猫粮不好吗？"

马西米兰试着抓回小猫，但它好像以为主人要跟它玩"快来
抓我啊"的游戏，几步就跳出了房间。

"回来，你个长腿的香肠！"

接着是一场在公寓里进行的远征，这只拉迪盖[①]猫很不好抓，
就像被魔鬼附了身。

"你个上蹿下跳的家伙，马上过来！"马西米兰咆哮道。

他从不知道一只幼猫和野鸡一样难抓！他跑遍了公寓的各个
角落。小猫好像玩得挺开心，并在所到之处留下了几处尿迹，尤
其是马西米兰随手丢在卧室的一件漂亮的开司米套头衫也遭了
殃。你追我赶了好一阵之后，马西米兰决定投降。让它见鬼去吧，
这该死的猫！用光了力气的他一头栽在沙发上，打开了电视。10
分钟后，有什么东西跳上沙发，从他的袖子下面钻出头来。马西
米兰吓了一跳。

"欸！你到底想干什么你？"

小绒球选定了他的膝盖作为栖居地，准备睡觉了。马西米兰
不敢动。但三刻钟后，他的肚子开始咕咕叫了。他得把小畜牲弄
醒。但是最好先想好策略，可不能再像刚才那样昏天黑地折腾一

[①] 雷蒙·拉迪盖，法国作家，著有作品《魔鬼附身》。

番了。他得控制好这只动物。第一步，收拾的时候用运猫箱把它关好。第二步，修一个带栅栏的猫舍，材料是现成的。拼装猫舍比他预想的困难；他和动手工作简直不兼容。笼子里的毛线球好像正在嘲笑他。

"哦，你够了。好了！"

终于搭好了。马西米兰把小猫放到栅栏里，欣赏自己的大作。最后成品还不错……他把水、猫粮、布娃娃放进去，觉得自己该做的都做完了。筋疲力尽的他终于可以幸运地去睡觉了。这是个怎样的夜晚啊！激动人心！他终于快睡着的时候又听到了猫叫声。哦，不！不要这样！他烦躁不已，跑去看猫。

"你怎么，嗯？嘘，不要吵！有人要睡觉呢！"

小猫一看到马西米兰就不叫了。但它自己待着的时候马上又开始叫。不是吧！我不能每过五分钟就起来一次吧？魔高一尺道高一丈，马西米兰打开床头柜的抽屉，找出一盒耳塞。他把海绵深深塞进耳朵，舒舒服服枕在枕头上，终于睡着了，但睡得并不安稳，梦中都是吸血鬼猫……

醒来的时候，商人花了几秒钟才想起来身处的情形。但当他看到脚边睡着的小绒球时，他的心猛跳了一下。

"你在这儿干吗呢，你？"

他昨天没把猫舍关好吗？马西米兰担心地一骨碌爬起来，走进客厅。那里简直成了一片战场！不！他收养了一只武士猫。跳出 60 厘米高的栅栏只是它的第一件功绩，它还在屋里玩了各种空中飞人——在沙发上玩滑梯，留下了抓痕，在皮椅上玩了蹦床，在马海毛长巾上玩疯狂回转……还有这里，这是……不！

　　马西米兰发现他最好看的一双鞋的鞋带已经被折腾得像意大利面条！他火冒三丈，响亮的咒骂声估计一楼都听得到。

　　当他回到卧室的时候，毛线球已经不见了。真是该有的麻烦一样都不少！天哪，它跑哪儿去了？他像个疯子似的到处找，紧张之下心跳急剧加速。他生命中最漫长的十五分钟。它在这儿……终于！他看到了小猫。它露出了一条尾巴！他发现毛线球躲在一个书架的高处，把领地选在了茨威格和加缪之间。虽然小猫无可挑剔的文学品味让马西米兰印象深刻，他还是提着它脖子后面的肉把它塞回了运猫箱。当箱门终于锁上，他发现自己在微微颤抖。非把这该死的小畜牲皮扒下来不可，得找个法子……毛线球一副真心悔过的样子看着他。

　　"哦，我说你，装可怜没用！我可不会怜香惜玉……一有机会我就要摆脱你。"

　　他边冲淋浴，边构思着拯救计划……

29

培养温柔的一面

人要有足够的气度去承认自己的错误，要有足够的智慧来从中获得成长，还要有足够的力量去改正它。

马西米兰穿上了他最好看的一套西装（外貌是加分项）。灵巧的手按下了门房的门铃。

"罗德里格兹女士！"

门房睁圆一双眼睛，刮皮剔骨般盯住他，等待着一个说得过去的打扰她的理由。她从来不笑。

"内花园太棒了，里面开的花太美了！"

恭维话就像水泼到进了窝的鸭子身上，顺着羽毛滑下来。

彻头彻尾的失败让马西米兰有些尴尬，他咳嗽了一下，重新鼓起勇气开口。

"是这样的，罗德里格兹女士。我楼上有一只超——可——

爱的小猫，是我为了救急帮一个朋友养的……但是现在问题是，我还有不到半个小时要去开一个特别重要的会议……您能不能行行好帮我照料……"

"得，您别说啦，沃格先生……不是我不帮您，这不是我对猫儿过敏！倍儿严重！"

她说着还配合手势，模仿着她每次遇到猫都会发生的那些可怕的症状——喉咙痒，眼睛红，打喷嚏……简直糟透了。

马西米兰干脆地结束了她的滔滔不绝。他的麻烦并没有解决，没工夫听门房闲聊，替她排解寂寞。

他上楼回家，闷闷不乐，而且要迟到了。他别无选择，他得把毛线球带去办公室。开车前往美妆集团的时候，B 计划在他脑子里成形了。他一到办公室就把猫笼放到了克莱芒丝的办公桌上。

"克莱芒丝，您能搞定一下这个吗？"

一般来说，他的助理都用崇敬的眼神望着他，满是想要讨好的意思。但这次例外……马西米兰自问是不是有点过分。算了。他没时间再找其他办法了。他得尽快进入状态主持会议。

"呃……我怎么弄呢？"克莱芒丝语气勉强而冷淡。

"您全权负责！"马西米兰要做甩手掌柜。

这一天里剩下的时间过得非常顺利，至少是对他来说。克莱芒丝来了他办公室两次。一次是毛线球挠了她，还有一次是小猫在她漂亮的丝质衬衫上尿了尿。

但克莱芒丝第三次来见他的时候（毛线团吃了她的充电线），她是来下最后通牒的。她把猫笼蹾在马西米兰办公桌上，用演话剧般的语调宣布：

"先生，我拒绝在这种条件下工作，它或者我，留一个。如果您明天还让我照顾它，我就辞职。"

好嘛，大溃败。马西米兰安抚了克莱芒丝，为给了她这样一个难办的差使道了歉……显然，他的助理很好地用上了罗曼的建议——"学会亮明底线"……商人叹了口气，颇为苦恼。算了，另想办法吧。他正在想谁还可以帮他的时候看到手机上来了一条短信。

是罗曼。

"今天，准备好培养您身上女性化的一面！今晚19：00在布雷迪电影院见，巴黎，斯泰拉斯堡大道39号，邮编75010。另外：带上纸巾！今晚见，罗曼。"

好嘛！白天已经过得这么荒诞了，晚上大概更有过之吧。培养女性化的一面？唉，唉，唉……马西米兰做好了最坏的心理准备。他脑子里浮现出一幅自己穿着尖跟高跟鞋在其他幸灾乐祸的学员面前走过的图景……不，不，不，他可受不了这个！他不想去了，但这种想法没持续多久。他把手伸向屏幕旁边朱莉的照片，那个微笑的朱莉，那个一切正常的朱莉……他没有权力半途而废；他必须坚持到底，改变自己。这是他欠妹妹的，也是欠罗曼的，因为她宽容地同意他回去上课。马西米兰想起约翰·C.麦克斯韦尔的一句名言："人要有足够的气度去承认自己的错误，要有足够的智慧来从中获得成长，还要有足够的力量去改正它。"

但猫要怎么办？

30

对付强势者的神奇句子

关键是要建立对自己的信任，你们越有自信，施加到你们身上的雄性症状就会越少。

罗曼这一天过得非常忙碌。她迫不及待想要开始在布雷迪电影院的夜晚了，因为她已经预感到这将是她和学员共同经历的重要一课，他们将受到很大的心灵冲击。现在，她正在和芳汀一起准备接待另一个小组，他们要上的是反雄性症状自卫课。她进入教室的时候，所有人都已经到了。罗曼对帕特里克的妻子珍妮的出席感到既惊讶又喜悦。

另外还有四个女人和一个男人，他说上级的雄性症状让他很不好过。普遍情况是，这天早晨在场的所有学员都苦于没能对一个和他们完全相反的、雄性症状格外明显的人说出自己的真实想法……根据罗曼的要求，芳汀布置了一个简易厨房，准备了各种用具，以便展示。火上已经在煮着什么东西了。

学员们睁大眼，好奇罗曼准备的是什么。罗曼穿上印了 Q 势公司标记的围裙，戴上厨师的高帽，学员们笑了起来。然后她用漂亮的花体字在身后的黑板上写下：

"限制雄性症状人格的菜单"。

"亲爱的朋友，"她开口道，"你们每个人都受过带有雄性症状的言语和行为的不合理、不公平、攻击性的侵扰……"

所有人都毫不保留地表示同意。

"在这种情况下，我想你们一定非常气愤，你们会心跳加速，感到难以置信地睁大眼睛，但与此同时，畏惧让你们偃旗息鼓。确实，没有人会觉得反抗攻击性和不公平是一件容易的事！也许您觉得自己没有条件进行对抗？"

罗曼的话切中肯綮。她边继续讲解，边扶了扶滑向一边的帽子。

"面对这种情况，只有三种应对方法。"

罗曼指了指已经在电磁炉上放了好一会儿的高压锅，它看起来很烫。然后她用一个叉子挑起了安全阀。一束强劲的气流喷了出来，发出刺耳的声音，让人听了浑身难受。

"一种可能的反应就是斗争、愤怒。就像这个高压锅，你们是压力下的沸水。但是要小心爆炸式的反作用力！待会儿我们会看看如何恰当地表达正常合理的愤怒，杜绝危险。不任由自己被揉圆捏扁是一回事，'以牙还牙，以眼还眼'是另一回事……"

然后罗曼打开一个平底锅的盖子，蒸汽扑到她脸上。

"第二种应对方式是'蒸发'，"罗曼解释道，"用'蒸发法'

来应对，指的是让自己消失！换句话说，逃跑！当肢体或语言暴力发生时，去往安全地带，甚至是必须采取的策略。"

她转向那位先生：

"或者比如说，离开那家对你进行道德骚扰的公司，这也不失为一个正确的选择！"

罗曼知道自己说到他心坎里去了。对他这种特殊情况，罗曼之后会主动要求陪他一起解决问题。

"那么最后，第三种方式——焖着……"

罗曼走到一个椭圆形的器皿旁边，那里面用文火慢炖着一条鱼。

"这是最不可取的！下下策！你们默默承受屈辱，把所有感情压抑在内心，愤怒、沮丧，直到精神压力引起生理反应……"

"我觉得我正是这一类人。"一位学员忍不住大声说。

罗曼和蔼地冲她笑了笑。

"是的，但是现在，忍耐到头了！我要教给你们如何不再惧怕对峙，不再惧怕限制那些人为所欲为，学会坚持自己的立场，不卑不亢……"

罗曼摘下厨师帽解下围裙，走到珍妮身边。

"珍妮，你愿意进行一下角色扮演吗？"

"好的，当然愿意，如果你需要……"

"很好。我要教给你三个有魔力的句子，可以温和又坚定地和任何人划定界限。珍妮，你能想起来在婚姻中有什么特别让你生气的事，但你从不敢对你丈夫讲的吗？"

"这个，比如，他嘲笑我的职业活动和少得可怜的收入时……好像我是个只能赚够零花钱的小孩子！我从不反驳，但从心里讲，我……"

罗曼笑着打断她。

"是的，可以想象你肯定想驳斥他！那么第一个神奇句子就是：'帕特里克，每次你嘲笑我的小家庭公司赚得少的时候……'你简要地说一下事实。要记住的是，你要把那些可以写成365页小说的诉苦扔进垃圾桶里。没完没了的感性的长篇大论，缺乏条理的数落和抱怨都会使他立刻升起敌对情绪，所以这些统统要丢到一边！一定要避免……事实，只说事实！然后克制自己指着他的鼻子破口大骂的冲动，比如'你个粗鲁的金丝雀'或者'周日阅读困难的鹦鹉'，总之不要把他和那些不受待见的鸟做类比，也不要像个连环衣服杀手兼施虐狂那样说'我要慢慢把你最喜欢的领带用孩子的花边剪刀一条条剪开'。如此种种一概杜绝。加一句'你个老鼠脸'似乎也不能改变什么。"

所有人都笑了。

"总之，与其说这些没用的气话，你不如接着从魔术帽里拿出第二个神奇句子，比如'我都觉得很受伤，而且我觉得你不尊重我的价值'。这让你可以用一个'我'字开头，而不是'你'，后者一听就是指责，很可能激起更激烈的对抗。"

"然后呢?"珍妮问，迫不及待想要知道全部的技巧。

"然后，亲爱的珍妮，你把想要威胁的冲动咽回肚子里，什么'你最好做什么，否则我就变成《致命吸引力》里的格伦·克洛斯！'或是'今后你最好对我放尊重点，否则我就变成弗莱迪①,你最可怕的噩——梦！'有更好的,主要是更有效的选择——打和解牌,要坚定但温柔,最后将是多赢的局面。在你的例子里,珍妮,你可以用上第三个魔句：'帕特里克,以后不要说这样伤人的话了,这个事业对我很重要,请你认可我的价值,可以吗？如果我觉得得到了支持,我会有双倍的动力继续前进,你很快就会看到好结果的。你能做到吗？'这句话可以让你说出你的需求和期望,并且让两个人找到折中的办法,达成两人都满意的结果。把话说明白,每个人都可以从中获益。"

学员们好像很喜欢这些建议,都在记笔记。

"但有时候甚至都没有对话的余地！"一位女士反驳道。

"这种情况下,当你们感到威胁来临时,你们有权逃跑。同样,你们有权打断侮辱、伤人的话和毫无根据的指责。最好先离开,在确认可以进行平静的对话之后再回来。关键是要建立对自己的信任,你们越有自信,施加到你们身上的雄性症状就会越少。"

有人敲门,是让·菲利普,他打手势让罗曼过去。

"你下了课来见我吧。今晚在布雷迪电影院的课堂布置需要你帮忙。我遇到麻烦了,我们常点的外卖今天来不了……"

她的父亲一脑门子官司。

"别担心,我马上来。这边快完了……"

罗曼最后让大家发了一圈言,鼓励他们使用神奇句子,并相信自己。然后她迈着轻快的步伐走出教室,去找她父亲,好帮他一下。

---

① 美国经典恐怖电影《猛鬼街》里的人物,进入别人的梦中杀人。

3l

别撑了，哭出来吧!

哭出来之后，感觉好像打开了通往情感世界的大门。

　　马西米兰抛下一大摞紧急文件，花了一个半小时找人看猫。在网上一阵乱翻后，他发现了一个滑稽的职业——猫保姆[①]。太棒了！这个发现让他欣喜异常，他找到一家专门网站，准备请一个评论不错的小姑娘来试试。为了赴罗曼的约，他没时间回家一趟了，于是和小姑娘约在办公室见面，让她带走毛线球。为图心安，他出手阔绰，给了珍妮弗，就是猫保姆，一个不错的价钱。马西米兰给她打了个车，让她去他家照顾毛线球，一直到他回来。他不太喜欢把钥匙交给陌生人，但他别无选择，他不得不信任这个看起来挺靠谱的网站……珍妮弗可以随便点外卖，只要她看好小

────────────

[①] 原文为英语。

猫，别让它继续搞破坏。小姑娘看着商人，感觉自己像是中了彩票。在她这个年纪，接到这样一个活儿无疑是非常幸运的……

马西米兰像一个幸运地找到了可以暂时照顾孩子的人的父亲，很高兴自己的时间终于又归自己所有了，并且开始憧憬美好的夜晚。

穿大衣的时候，他想起自己不能让司机来接……罗曼的命令。看到电影院所处的位置，他知道自己也不可能开车了——肯定找不到停车位！他得乘坐公共交通……他从学生时代之后就没有坐过公共交通了。那是很久以前了……他的脚还没迈出办公楼的大门，倾盆大雨就浇下来了。漫天雨幕，好像是老天决定往他这盘菜里加点盐，让他今天过得更有滋味。马西米兰被卷进了巴黎地铁的阶梯，雨伞上的水顺着法兰绒裤子流下去。他买了一张票，快步走向闸机口，这时一个小伙子也挤了过来，把他的背当作滑板一样顺溜地抢到前面，只见他如箭一般穿过去，自带的背景音乐直入鼓膜。马西米兰接下来犯了一个错误，他犹豫了太长时间到底应该往哪边走，于是被密集、躁动的人流撞得东倒西歪，他感觉人流像是有生命的血管，脉搏狂跳。很明显，他赶上了晚高峰。挤得满满的站台让他想起急诊室的候诊区。都是一样难过受苦的表情。然后列车来了，好像梅杜萨之筏。所有人都拿出绝境下垂死挣扎的幸存者的劲头，争着挤进车厢。有几个人就像被粘住了一样站在中间的栏杆处不动。另一些人坐在座位上的样子像是岿然不动的蛀牙。透过他们或闭着或敌意的眼神，可以看出他们百折不挠把板凳坐穿的决心！找个座位的想法得放一放了。在斯泰拉斯堡－圣·德尼站，大批乘客涌出，就像车厢流出了一股血。

这是有益健康的放血。人们呼吸顺畅了一些。马上就解脱了——马西米兰在下一站"水城堡"下了车。

商人走出地铁口，松了一口气，心满意足。地下阴郁的气氛就好像一针疫苗使他对坏心情有了免疫力，现在他真心觉得快乐。在地铁站外面，一切都那么美好。灯光，奥斯曼时期的建筑，布雷迪的门脸。

Q势公司要再次重拳出击啦！罗曼和父亲能够组织这样的活动全都要归功于他们巡回演讲的赞助人，当然，这和他们宣传工作做得好是分不开的，还得益于那些忠实于去雄性症状事业的出资人，他们慷慨解囊。因此，他们今晚才包下了电影院的一个小放映厅，给学员们充满惊喜和感动的一课……

马西米兰这一天多少过得有点悲惨，他很高兴看到给学员们准备的冷餐台上卖相很好的食物。熟食店小老板随意准备了一些小点心和饮料，学员们愉快地围上去大吃特吃，就像一群蝗虫。

马西米兰看到罗曼走向他。

"毛线球怎么样？"

"很好，很好，很好……"他厚着脸皮说谎。

他无论如何也不会讲他遭遇了什么。要是别人知道他被一只小猫耍得团团转，会怎么看他？他们说了几句话，但马西米兰的注意力在别处，大约是罗曼的眼睛啦，嘴啦，拿着香槟杯的细腻的手啦之类的地方。

之后学员们入了座。娜塔莉坐到马西米兰身边；从自由快乐项目以后，他们一直相处得不错。马西米兰看着她漂亮的棕色鬓发随着说话的律动一跳一跳的。很多男人会被吸引吧。马西米兰感到她在向自己发出信号，但他也想知道为何自己没有发起攻势。他看了一眼罗曼，感觉找到了一部分答案。

罗曼站在大屏幕前，准备进入主题——"如何发掘自己女性化的一面"。

"这一主题也适用于女士，无论你们怎么看。至于各位先生，你们可以放心，这次课并不是想让你们变得女性化！"

马西米兰暗暗松了一口气，穿高跟鞋进行角色扮演的幽灵远去了……

"在自然界中，不同的力量总是在取得平衡，"罗曼接着说，"你们肯定知道阴阳。阳刚和阴柔也是一样的道理，如果一种力量过强，就会产生极度的不和谐！所以让你们的两极重新找到平衡是很重要的。核心思想就是通过培养你们的圆融、感性、体贴、寻求和谐的意愿，发现你们身上女性化的一面。我想你们已经明白，女性化指的就是打开一扇通往情感世界的门。"

"但这样难道不会使我们丢掉武器，变得易受伤害吗？"布吕诺忍不住提问。

罗曼温和地微笑着回应了这个保留意见。

"释放情绪会让人变得脆弱，这是一个普遍的刻板印象，我亲爱的布吕诺。事实正好相反，增强情感的敏锐度能让你拥有第七感[①]。这会使你更有人性，就像从黑白世界进入了彩色世界！获得新的情感维度能让你变得更强，更有活力，并且，我再重复一次，

---

① 由心理学家丹尼尔·西格尔提出，第七感能够使人关注自己的内心，体悟他人的感受，让人与人之间建立情感联结。

更有人性。你们知道吗？'情感'一词中包含'运动'一词的词根[1]。没有情感，人就是呆板的。允许自己表达情感，你们就可以释放出一种巨大的能量……这就是我今天要让你们做的……"

"那你又给我们准备了些什么呢？"娜塔莉问，她激动地期待着这次新的体验。

"一段实实在在的情感……放映的时候我会坐在你们对面，但忽略我就好了。"

这很难，马西米兰想道。

罗曼给放映师打了个手势。房间暗了下来。所有人都屏住呼吸。第一组画面开始放映。啊，原来不是一部电影，而是片段集锦，全都是精心挑选的感人至深的镜头。马西米兰明白了为什么有人在入口处分发纸巾。幸好，他用不到这东西。他从没在电影院哭过，今天也不会有第一次。

但罗曼瞄准了心里最敏感的部分。首先是《跳出我天地》的片段，尤其是电影末尾，患阿兹海默症的祖母在和外孙比利告别的时候，她紧紧抱住比利，紧到他喘不过气来，然后把他推向门边，让他有勇气离开，而她知道自己不可能再见到他了……令人心碎。娜塔莉已经流出热泪，还抓住马西米兰的胳膊使劲地碾来碾去。他试着拽出自己的胳膊。她一张妆容几乎完好（防水化妆品的奇效）的俏脸转向马西米兰，然后冲他泪眼朦胧地微笑了一下。

---

[1] 法语中"情感"是 émotion，而 émouvoir 一词有摇动的意思，两个词有共同的词根"émo"。

"很美的画面，是不是？"

"嗯……很棒。"

马西米兰咬紧牙齿。任由情感泛滥是不可能的，但情绪是会传染的，商人感觉自己的敏感之处被狠狠刺中了。

泪腺被激活。八级警告。马西米兰一边对自己说着，一边看向周围同伴的脸，大家都是一副颇受触动的样子。

然后是《飞越疯人院》的片段。罗曼也选择了电影的结尾部分——酋长决定用枕头闷死墨菲的那一段，因为他那么爱他，不能容忍他像草木一般无知无觉地活着。

随着影片的播放，马西米兰努力抑制自己的情绪，不断重复着"男儿有泪不轻弹，男儿有泪不轻弹……"父亲的面孔好像叠在那些人物形象之上。他再次看到过去的父亲，父亲的冷酷，父亲教他如何做一个男人，告诉他敏感是女人为自己的多愁善感所找的借口。父亲说情绪是女人的专属，只会让男人丢脸，这是她们为了让人变得脆弱而打开的缺口。男人就应该强势，无论何时何地。男人不是为感受而生，而是为行动而生。

马西米兰的视线与罗曼的交汇了，她正从观察席盯着他。她想看到什么？看到他最终还是落下泪来？

画面继续变换着。《绿色奇迹》《辛德勒名单》《泰坦尼克》《走出非洲》《美丽人生》……然后是《克莱默夫妇》，这个离婚夫妇争夺孩子抚养权的故事。罗曼选择了父亲告诉儿子法官没有把抚养权判给自己时那个片段。感人的是他摆出一副坦然接受的态度，把心酸留给自己，只为了不让儿子感受到他的苦痛，这是一种怎样的勇气，他甚至还打点起精神给儿子买冰激凌，以使他忘记忧愁……多么纯粹的爱！

马西米兰突然感受到一种强烈的美好情感，一种他从未在和自己父亲的关系中体会过的联结，一种既让人渴望又让人害怕的联结……他在生活中刻意避免产生这种情感是为了自我保护吗？

一颗硕大的泪珠不能自已地顺着脸颊流下来，情感从漫长的昏睡中苏醒。他抬眼望向罗曼。这就是你想要的，对不对？罗曼冲他微笑，好像在说她为他骄傲。因为一滴该死的眼泪为他骄傲？太过分了！但是，他也报之以微笑，接纳了这一刻的古怪。允许情感占据上风……真是意想不到啊。

32

"三不猴"实验

我建议大家过一天盲人的生活，不用眼睛看（一号猴子），释
放你们的听觉（二号猴子），而且说话的时候只说客观而积极
的话（三号猴子）。

布雷迪之夜后又过了几天，马西米兰去了 Q 势公司，仍然对
电影院里发生的事感到震惊不已——漫溢的情感、被拨动的迟钝
的心弦——罗曼有这种天赋。

陆续进入教室的学员疑惑地发现中间的桌子上放着一个用黑
布罩着的相当大的东西。罗曼又准备了什么东西？罗曼故作神秘
地制造氛围，然后猛然揭下黑布，露出一个做工细腻的古铜雕塑。

马西米兰马上认出这是著名的"三不猴"雕塑。罗曼开口道：

"马上你们就会明白我们的朋友三只猴子如何帮助我们摆脱
雄性症状……你们可能知道它们在东方民间智慧中代表着什么。

这要追溯到很久以前了！孔夫子在公元前 500 年就说过：'非礼勿视，非礼勿听，非礼勿言，非礼勿动。'到了圣雄甘地那里，他总是随身带着一个三不猴的小雕塑。我想通过一个实验让大家明白这种精神状态……"

又是实验！马西米兰微微颤抖了一下，这可逃不过罗曼的眼睛。她悄悄地送给他一个鼓励的微笑。只要这回她的想法不要像交换座椅那么荒谬就好了！

罗曼继续讲解：

"你们要做这些小猴子所做的事，体验三样东西。首先是竖起耳朵仔细倾听的好处，就像那只捂住耳朵的猴子，不听不好的东西。然后是少说、说对，就像那只捂住嘴巴的猴子，不说不恰当的话。最后是公正地看待事物，摘下有色眼镜，放下不合时宜的判断，就像那只捂住眼睛的猴子，不要错误地看待人和事。你们可能觉得有难度，但随着时间的推移，这样做只会有好处！人际关系改善，变得更加和谐，是一件多么让人欣慰的事……"

罗曼无视学员们不信任的目光，继续说：

"因此，我建议大家过一天盲人的生活，不用眼睛看（一号猴子），释放你们的听觉（二号猴子），而且说话的时候只说客观而积极的话（三号猴子）。"

教室内一片安静。

"很有意思，对吧？"

看着同伴的表情，马西米兰很怀疑有任何人会笑。

罗曼继续解释实验。但马西米兰因为又要经历一次复杂的实验，感到又担心又气愤，三句话只能听进去一句。

"什么什么什么……但是……什么是听觉的优势？是……懂得给予……人的宝贵能力。什么什么什么……因为否则，我们就会'人在心不在'，带着负面的滤网去听……用宽容的心态广泛地聆听是非常少见的……什么什么什么……要尝试……少说、说对也是这样。因为什么什么什么张口就来的话就像离弦的箭，一旦射了出去就不可能收回来。……就像那句谚语说的，什么什么什么……目的就是为了学会恰当地听和说！"

这时大肚子帕特里克插话了，因为他没太明白，和往常一样。

"这确切是想说什么，'恰当地说'？"

我可真惊讶。马西米兰恼怒地在椅子上动了动，这引来了罗曼不满的目光，显然在说帕特里克有权得到解释，而且她非常和善的回答也验证了这个眼神的含义。

"想象一下，帕特里克，你的大脑就像一个海关，负责制止那些不好的想法——没用的、伤人的、不恰当的、不公正的、不正确的。每句话都要经过海关的检查才能到达你的口中，盖上'恰当并且意图良好'的戳记。这就是'恰当地说'。"

马西米兰不可抑制地想到一些就要说出口并且会进入罗曼耳朵的话，但马上对自己说，他的大脑海关肯定会给这些话盖上"离谱"的戳……

马西米兰看到罗曼靠近桌子，那里完完全全就是个杂货摊。

"这些是给你们的完全遮光的黑色眼镜，另外还有一根盲杖。你们会发现有时我们听得比看得要清楚！"

"但我们会无法分辨我们到了哪里的！这太疯狂了！"布吕诺嚷道。

"别担心，布吕诺。我们都想好了，每个人都由交换座椅时候的志愿者陪着，他们会做你的向导。"

"我们必须得做到这种程度才算体验了三不猴的状态吗？"城堡女主人埃米莉问道。

"请相信我。你们的感受会使你们向前跨越一大步。你们不会后悔的。"

看来罗曼的激情战胜了最后的反抗，因为每个学员都不再多说，来取自己的实验用具。马西米兰强迫自己照做。他一拿到眼镜就想试试效果。没错，漆黑一片！他把眼镜稍稍抬起来一点，看准罗曼的方向走过去，她此时正背对着他。他轻轻拍拍她的肩，她突然转过来。为了赶走不得不接受挑战带来的恼怒，马西米兰很想逗弄罗曼一下。他决定假装看不清楚，往罗曼脸的方向乱摸，把她的头发都揉乱了。

"罗曼？罗曼？我找不到出口了。我……"

罗曼的舌头弹动，发出了表示拒绝的声音，但他觉得这声音介于玩笑和警告之间。她一把抓住马西米兰的双手，扳回他身体两侧，然后取下他的眼镜。

"马西米兰，够了！这不是开玩笑。"

"太遗憾了……"

他冲她发射了一个最好看的微笑。

马西米兰被毫不留情地赶出教室，但他不傻。他可以发誓罗曼对他的小伎俩并非无动于衷。他没有坐电梯，而是一路奔下楼去，一直来到街上，怀着琵雅芙的心情，直想唱你让我眩晕……①

---

① 伊迪丝·琵雅芙经典歌曲《我的旋转木马》中的一句歌词。

33

"盲人"的一天

最重要的东西，只有用心看才能看得更清楚。

于是三天后，马西米兰来到公司接待处，拿好盲人的全套装备，准备度过他的"三不猴之日"。克莱芒丝欣然同意做他的向导，很乐意借她自己的胳膊和眼睛一用。

"早上好，沃格先生。"员工向他打招呼，假装没注意到有什么不正常。

马西米兰已经让克莱芒丝群发了一封邮件，让大家提前了解情况。这次实验会改善公司管理，他解释道。员工还是觉得他疯了。但自从交换座椅实验以来，他们开始习惯他种种古怪的做法了。

克莱芒丝引导着马西米兰走向电梯，从她的声音里，马西米兰听出她现在简直心花怒放。他必须完全依靠她，才能避免在每一处拐弯的地方撞墙。引导工作好像也使克莱芒丝的手借机在他胳膊甚至后背上停留。他感觉到克莱芒丝紧紧抓着他，而他不确定自己是否喜欢这种举动。啊，也可能是这个实验使他容易烦躁。马西米兰想到了罗曼。她要把他们引向何方呢？他得说她想象力真丰富，而且他只是为了不让她失望，也因为要信守诺言才同意这么折腾的！因为目前来看，他的境况又何止是难受。

就像一个依赖大人的小孩子，马西米兰不得不断请求克莱芒丝帮忙，她表现出惊人的耐心，但也不错过任何可以触摸他的机会。触碰得很谨慎，但马西米兰第一次明白了女性受到骚扰时的感受……因为看不见，马西米兰感觉自己的其他感官更灵敏了。他由此注意到了克莱芒丝魅惑的香草香水味。助理身上迷人的一面从没有这么"显眼"过。这真是太讽刺了。就好像他第一次见到克莱芒丝，因为他突然发现了她对自己的情意。这番醒悟让他颇受震动。他不能鼓励这种行为……

这一天里，马西米兰不得不请求他的同事做许多事情，给他们分配了一些任务。这对他来说是全新的，他早已习惯只信任自己。这天的经历使他意识到多依靠别人的好处，不仅可以节省时间和精力，还可以让同事获得自我价值感。

15：00，他意外地受到罗曼的拜访，她是来鼓舞士气，视察实验进展的。她明快的语调让他心安。

"把他借我用一下。"她笑着对克莱芒丝说，然后牵住他的胳膊陪他去参加下一个会议。不用说第二遍，他就心甘情愿地把自己交到罗曼手里，享受着两人的接触。现在，难道不是他想多在她的手中停留一会儿吗？他们一起穿过走廊，克莱芒丝在前面引路。罗曼问马西米兰最初的体验如何。他不无炫耀地说他处理得很好，一切顺利。他感觉到罗曼很为他骄傲，并且他傻乎乎地为此感到高兴。

一到会议室，罗曼就告诉马西米兰说她的拜访结束，并且祝他在接下来的时间里一切顺利。

"我把他还给您！"她对克莱芒丝说。被两个女人给来给去的感觉真奇怪，好像自己是一个东西……

"谢谢您，罗曼。您认识出去的路吗？"

克莱芒丝语气里的什么东西让马西米兰很震惊，如果他没有遮住眼睛可能不会发现。但是……克莱芒丝好像不喜欢罗曼，这很明显！为什么？这就不是那么清楚了……

"我能找到的！谢谢您，克莱芒丝。很快见，马西米兰！"

马西米兰恋恋不舍地听到罗曼的脚步声远去了。克莱芒丝又抓起他的胳膊带他走进会议室。显然，她的心情发生了变化。她狠狠抓着他……几乎把他弄疼了。

"谢谢您，克莱芒丝。您现在可以松开我了。"他客气地打发她。

接下来的会议非常超现实，他能想象十几个围坐桌边的经理看到的景象——马西米兰·沃格戴着黑色眼镜，拿着盲杖，说着奇怪的话。

"今天，我来听，你们来说。"

这可太不同寻常了！

马西米兰只偶尔发言，体会着"少说、说对"的原则。他很惊讶，仅仅从说话者不同的语调中就能分辨出大量的信息，小小的紧张、恼怒，以及所有那些平时不会注意到的情绪……最棒的是，他满意地发现会议结束时大家都干劲满满。

实验结束时，马西米兰终于可以摘下眼镜，他感到一种不可言喻的轻松。

哪怕就为这一刻体会到的欣喜，这一切也是值得的，他边揉着视线有些模糊的眼睛，慢慢适应着光线，边这样想。

晚上，他收到罗曼的一条信息。她大概是想确认他这一天过得不错。

"那么，这一天盲人的生活过得怎么样？"

"有趣的体验，但是……"

"但是什么？"

"……但是应该说我出现了视觉暂留……"

"什么意思？"

"现在，当我闭上眼睛，我就会看到一幅图像……"

"什么图像？"

"……是你！"后面加了一个眨一只眼的表情。

"太坏了！"

他美滋滋地看着发怒的表情。他很喜欢逗弄罗曼。

"祝你晚上愉快，罗曼。"他添上了一个微笑的表情。

收到的吐舌头表情让他微笑起来。

他专注地回着信息，没注意到克莱芒丝来了。

"有好消息吗，先生？"助理看着老板脸上的微笑问道。马西米兰又神游了一瞬间，才回答道：

"是的，好消息，克莱芒丝。好消息……"

然后他看了看表。19：45。啊呀！他完全忘记了还要给珍妮弗打电话，就是那个猫保姆，得告诉她自己几点回去……他打了通简短的电话。小姑娘请他不要太晚回去，有人等她吃饭。马西米兰快速收拾好东西出去了。匆忙之中他把手机落在了扶手椅上。

34

放下那部手机

为了尊重他人隐私，为了保持情绪稳定，请勿偷看他人手机!

20：30，空无一人的办公室里，克莱芒丝去马西米兰的办公室里悠闲地转了一圈，然后像她经常做的那样，盘踞在他的扶手椅上，惬意地用手抚摸着扶手的皮革。她舒服地靠在椅背上，让鲁布托高跟鞋滑落在地，然后两脚交叉翘到办公桌上。

她吐出一口气。从办公桌的这边看出去，世界显得那么激动人心。

她看到马西米兰的手机。也许她可以小小地冒昧一下？她查看了信息，正好看到他和罗曼温存的交流内容，这无疑证实了她今天下午的预感——他俩情投意合。她火冒三丈，退出了应用，愤怒地把老板的手机放回原处。

35

父子相爱相杀

父亲的名声有时无助于儿子,反而会淹没他。他们彼此站得太
近,阴影扼杀了成长。

有人在按门铃。马西米兰一骨碌爬起来。10:05,他昨晚睡
得很晚,在充满挑战的一周过后,他很想不顾体面地睡个大大的
懒觉……有谁会大周日的来打扰他?门铃又响了一遍,听起来很
不耐烦。马西米兰抱怨着爬起来穿上一件浴袍。他透过猫眼看了
一眼。

"爸爸?"

满腹怀疑、愤愤不满,他给父亲开了门,没跟他问好,径自
走进厨房给自己泡咖啡。

他的父亲就像进入了被征服的领土那样走进公寓,毫不在乎
儿子无礼的接待。他们之间这种关系已是常态。

"你知道今天是周日吗？"马西米兰从厨房喊过来，"周日的时候，人类要睡觉！"

他的父亲一个字也没说，好像更情愿视察一下公寓。

"你想干什么？"马西米兰端着热热的咖啡走回客厅，接着道。

"帮我也冲一杯，谢谢！"他父亲不满道。

"你想干什么？"马西米兰重复了一遍，假装没听见父亲的话。

"把我的高尔夫球棒还我，我用它干你用它干的事……"

"不能晚点来吗？"

"不能，我今天下午和朋友约了去打球。"

"你也有朋友？"马西米兰讽刺道。

两个男人之间天雷撞地火。

"太好笑了。但是……这个可怕的东西是什么？"他父亲看到了毛线球大声说道。

马西米兰咬紧了嘴唇，强压住了过于激烈的回答。

"嗯，正如你看到的。这是一只猫。"

"太有意思了，"父亲挖苦道，"你现在喜欢动物了？"

"动物经常比一些人类更有感情……"

"是吗？"

他父亲走近小猫伸手抚摸它。

"噢！它挠我，这个肮脏的畜牲！"

他作势要打它。马西米兰赶紧把毛线球抱进怀里。

"住手！它还小，你吓着它了。"

他父亲没好气地吮了吮伤口，继续找茬。

"你脸色真差。最近工作太猛了吧？"

你什么时候开始关心我了？马西米兰想这样回嘴，但他勉强支吾了几句。

"朱莉呢，她好吗？"他父亲接着问。

"好，好……"

马西米兰知道他的双胞胎妹妹此时应该一点也不想见父亲。他机械地抚摸着毛线球的头，没有意识到它柔软的毛让他镇静了下来。

他父亲看了一眼写字台上的一叠纸，正好看到 Q 势公司的小宣传册。

"这是什……别跟我说……！"

他发出了一阵粗鲁的大笑。

"正是，正是，爸爸，我参加了这个项目。可能你也应该考虑一下，你也是……"

他父亲擦了擦刚才狂笑时溢出眼角的眼泪。

"让我高兴的是，你还没有丧失幽默感！好了，我要走了。对了，帮你妈带个信。记着这几天给她打个电话。她最近一直在我耳边叨叨！"

在她没有忙着玩桥牌或做指甲的时候，马西米兰苦涩地想道。

"我不会忘的！"他边回答，边把父亲送到门边。

"再见，儿子。"父亲说着在马西米兰额上生硬地亲了一口。

马西米兰用沉默表示抗议。终于又可以自由呼吸了。

36

如果你肯说出你的脆弱

原来你的强势也是装出来的，彼此彼此。

下午的时候马西米兰整个人带着紧绷的状态来到了 Q 势公司，他仍然为父亲早上不合时宜的打扰感到愤怒。每次看到父亲，他都会无一例外地炸毛。罗曼的到来让他多少平静了下来，直到她告诉他们今天的课程可能不大容易，会让他们颇受震动……他已经是一点就着的状态了！

"为了继续深入我们的学习，我们要试着找出雄性症状的根源。因此，我要问你们一个问题，你们今天时常爆发的雄性症状最初来源于何处呢？"

学员们一片沉默。

"那么，一般来说，在你们不当行为背后都有一些我们称之为错误信念的东西。这是从童年时期起就潜移默化地刻入脑海的信息，就像不断回放的坏唱片，这些关于你们自己、关于他人、关于人生的错误信念不受你们控制地加重。结果就是，这些'后天'或'遗传'的想法限制了你们，拖了你们的后腿……比如，或许过于严厉的教育使你们觉得无论在任何情况下，坚持、强硬、强势都是唯一的出路？"她看着马西米兰说，后者尽力不让自己在这样的注视之下皱眉。

"或许你们坚信自己不能背叛家族传统？坚信自己有义务忠实于别人对你们的期望，觉得自己不能做心里想做的事情？"她冲着城堡女主人埃米莉的方向说道。

罗曼停了一下。好像有一个天使路过。她很厉害，马西米兰颇感钦佩地想道。

"或许你们坚信，如果不拼命苦干获得成功，你们就一无是处？你们的信念也可能来自一种一概而论的偏见，比如'都怪那些软弱的女人'，"罗曼深深望向布吕诺，看得他有点发窘，"也可能是因为你们儿童时期很少得到关注，所以一到成年，你们就异常坚定地觉得应该强势高调才能为自己挣得一席之地？"

娜塔莉脸红了。

"又或许，有人给你们灌输了这样的观念——要想让别人觉得你是一个自信并且值得尊重的人，你就不能表现得太友善？"

帕特里克开始研究自己的鞋。

马西米兰观察着他的同伴，发现罗曼每次都说对了。

"你们知道要想找出自己的这些思维定式，你们需要找出那些'我太……我不够……我永远做不到……我没有能力做……我一直是……大家都……'之类的信念。"

做完这一补充说明后，罗曼利落地向放在中间桌子上的一个大包走过去，从里面拿出大约 12 张 33 转黑胶唱片。

"今天，我想让你们真真切切地'换掉唱片'。在第一张唱片，'坏唱片'上，我要求你们用白色马克笔写上你们以前的错误信念。然后在第二张，'yes 唱片'上，我要求你们构想一个可以每天讲给自己的'积极的新故事'，用积极的句式开头：'我可以''我有力量''我值得''我有信心'……这些信念能让你们充满活力！让你们为所当为，产生有价值的思想，这是你们的解毒剂！你们有权流露情感，有权不完美，有权敏感……"

马西米兰咽了咽口水，他不愿意承认自己此时有多么感动。

话说到这里，罗曼开始给每个人分发唱片以及白色和金色的不可擦马克笔。马西米兰观察着同伴，他清楚地看到，虽然罗曼解释得很清楚，但他们对这个练习还是有些抗拒。雄性症状的残迹不失时机地表现出来。可以听到不愉快的呼气声以及其他表示愤怒的拟声词。有几双眼睛望向了天空。几条皱起的眉毛强势又高调地表现出他们不想绞尽脑汁地思考这种问题。总而言之，学员们拒不合作，显示出他们的胆怯。马西米兰发现罗曼有点慌乱。他觉得她都有些苍白了。她要怎么应对这样的不利情境呢？罗曼猝不及防地开始自白……

"活到这么大，我一直都尽量显出一副一切尽在掌握的样子，我坚信如果我降低警惕，我的世界就会垮塌……"

这有可能吗？但这是真的……罗曼正在讲她自己的错误信念，好让大家觉得这是自然而然的事情！就像其他人一样，马西米兰不愿错过任何细节地听着。

"当……当我母亲出了一场可怕的车祸去世的时候，我还是一个正当豆蔻年华的小女孩。很快，我就得在家里扮演一个大人的角色，这不是我能决定的……我父亲，当时完全垮了，用了很长时间才恢复过来，我得为我俩强大起来。问题是……直到今天我也总是保持高度警惕，我不敢放纵或接受自己的脆弱……就好像这样做会使地上裂开一条缝，把我陷进去！"

听了这样的自白，所有人都好像被钉在了原地。马西米兰和罗曼目光交汇，颤了一下。她知不知道她有多么打动他？他想象着那个小姑娘独自一人用单薄的肩膀扛起过于沉重的责任，这让他的心揪了起来。那时候无依无靠的她该有多难过呀！马西米兰感受到了罗曼身上让她难以接受的敏感，他很想对她说这让他更加着迷……

罗曼已经带了个头，她请所有人开始尝试。马克笔在唱片上划动。渐渐地，那些错误的信念逐一浮出水面，就像被久久遗忘在角落里的旧平底锅突然被翻出来……有几张面孔绷得紧紧的。有些人快要落泪。马西米兰对这个练习的效果感到惊讶。他自己也像是被冲破封印的魔鬼抓住。

"如果你们想哭，就哭出来。有时候，需要让眼泪流出来！我给大家备了纸巾。"为了让大家放松下来，罗曼这样说道。

马西米兰脑袋里的什么东西松弛下来，出人意料地崩溃了。几滴眼泪不受控制地悄悄流下来。他石头人一般的形象崩塌了。罗曼温柔地请他发言。他不敢抬头，害怕接触别人的目光。商人任由语句流淌而出。

"我这辈子都坚信，要想成为一个男人，一个真正的男人，就得冷酷，不能流露情感。对我父亲来说，情感是娘们儿的事。男人就得强！"马西米兰攥着拳头解释道，这是父亲不知多少次在他面前做的手势，"是男人就不哭。男人会咬紧牙关向前走。你们知道一直保持强势、一直控制自己是什么感觉吗？"他擦掉一滴眼泪。想起父亲他就觉得肚子里像堆了很多小石头一样。

"啊！谢谢爸爸给我灌输了这样一个世界观！多亏你，我错过了我生命中的 20 年！我总是给自己地狱般的压力，想要成为第一名，还总是拒人千里，以免涉入情感……最终我又得到了什么？不过是和真实人生、和我自己切断了联结。简直就像全身麻醉了一样。我什么也看不见，什么也感觉不到。我觉得我活得像个木头人。而且……而且……"

最伤心处很难说出口。

"对于我最在乎的人，我没能给予关心，我完全活在自己的泡泡里，只关心自己的事，自己的职业生涯。我的……我的……双胞胎妹妹……朱莉……当我知道她想……自杀！而我，我不在她身边……我什么也没感觉到……现在，她不肯见我……我被彻底拒绝了！被这个世界上我最爱的人拒绝了！"

这是马西米兰第一次对小组的其他人谈起他的妹妹。他的肩膀努力和抽泣引起的抖动抗争着，但他不愿意在这么多人面前发泄出来。所有人都安安静静，对这一忏悔的时刻表示尊重。

"我们休息一下好吗？ 15 分钟！"罗曼建议道，"马西米兰需要一点时间整理情绪。"

马西米兰很感谢她这一举动。学员们沉默着走向咖啡机，在出门前偷偷斜眼看他。他们大概在用看怪兽的眼神看他吧。真是

做得好啊！这就是表达情感的后果。马西米兰为自己放纵情感而
愤怒，他突然站起来走到窗边。过了一会儿，罗曼走到他身边，
递给他一杯水。

"不，谢谢！"他没好气地说。

罗曼把一只手放到他肩上，他想要挣脱出来。她坚持要他喝
杯水。

"喝吧！这样你能好受些。"

"很好，我很好。"他回答道，脾气很坏。

为什么她继续以一副体贴的样子看着他？太气人了。她肯定
把他当作一个可怜的家伙……

"马西米兰，你不应该为今天把这些都表达出来而后悔。能
做到这样是一件好事。很多人要花很多年才能做到这样，而你呢，
这一步跨出来你就会迈着巨人般的步伐前进……"

马西米兰一副不信的样子。

"你怎么看一个当着大家的面哭的男人，嗯？"

罗曼目不转睛地盯着他。

"你觉得我怎么看？"

他转开目光低下了头。

"马西米兰。看着我。哭没什么好难堪的。羞耻心只不过是
后天得来的情感。我们应该为保持着本真而自豪。"

这样的话打动了他。

"谢谢，"他呼出一口气。

罗曼把一只手放到他背上表示安慰。他们目光交汇。马西米
兰本以为会在她的眼神里读到同情怜悯，但他惊讶地发现她的眼

里只有骄傲的光芒。还有别的什么东西……那一刻时间仿佛静止了。有电火花一闪。然后小组回到了教室，其他学员也对他表示安慰。

马西米兰看到罗曼又回到了导师的位置。他们接下来的时间都在制作错误信念的"坏唱片"，还有"yes 唱片"——为了增强自信并且积极面对世界而需要不断重复的与自己的对话。

做完唱片后，罗曼请大家站起来把"坏唱片"掰碎扔过肩膀，像俄罗斯人干杯①那样，象征着忘掉这些错误信念。这节课在一阵快乐的碎裂声中结束，唱片的碎块在教室里飞舞。罗曼放上了俄罗斯民歌的背景音乐，Q 势公司的员工送来饮料，帮助大家忘掉刚才的悲伤。马西米兰很奇怪地感到更加……轻松！在出口处，当这一小队人在大楼前散开的时候，大肚子帕特里克却在等马西米兰。

"你去哪里？"

"那边。"马西米兰指着远一点他停车的地方。

"你愿意让我跟你同行一段吗？"

"如果你想的话。"尽管马西米兰很吃惊，但还是这样答道。

一开始两人都沉默着。马西米兰很好奇帕特里克到底会跟他说什么。在刚才那节课之后，他一点也不想跟别人斗鸡似的吵架！

"我知道你和我从一开始就不对付，但是……"

马西米兰暗暗希望帕特里克没有选择今天找他算账！

"我只是想说，刚才，你太让我感动了！"

---

① 干杯后把酒杯摔掉。

　　什么！他感动了帕特里克？马西米兰非常错愕。帕特里克用眼角瞄着他的反应，决定继续说。

　　"没错，就是这样。我觉得你能这样在所有学员面前说出来真是太有勇气了，而且说实话……"

　　"什么？"

　　"说实话，你在我心中的地位提高了。"

　　"我很高兴知道这一点！"马西米兰讽刺道。他们这时来到红灯前，"哦，小心！"

　　帕特里克匆忙之中有点走神。马西米兰一把抓住他的袖子把他拽回人行道，此时正有一辆车旋风般从他们面前开过。

　　"谢谢！"

　　帕特里克差点被轧到！但这并不能阻止他继续说下去。

　　"你知道，马西米兰，说实话，先请不要误会，从这个项目一开始我就觉得你没有认真对待，尤其是你存心捉弄我。"

　　"没有，我……"

　　"不，不，我感觉到了！我不像我外表看起来的那么傻，你懂的！"

　　这次，马西米兰觉得自己有点傻。

　　"我不是有意的。"他觉得自己应该这样说。

　　当然，帕特里克不傻。

　　"噗，不用否认。另外，说实话，我觉得你也有点……"

　　"也有点傻，是不是？"

　　两个男人都笑了。

　　"不管怎样，我想跟你说的是今天你让我大吃一惊，你敢于做自己，不再是那个总在炫耀什么的家伙……你拿掉了所有妄自尊大的面具！"

"我明白你想说什么，帕特里克。"

帕特里克清了清嗓子。显然，他还有话想说。

"你知道，你和你双胞胎妹妹的故事……你说她不愿跟你说话，所有这些……都触动了我。我……我妻子……"

"她也不愿跟你说话，对吗？"

鼻尖对着鞋子，帕特里克悲伤地表示没错。

"总而言之，我知道这并不能改变什么，但我只想对你说我明白你的感受，你不是一个人……"

马西米兰突然感觉被帕特里克的这种行为以及突如其来的革命友谊感动了。他们已经来到他租来的车旁，两个男人面对面站定。马西米兰看帕特里克的眼神仿佛第一次见他。跟他说什么呢？他向他伸出了手，帕特里克热情地握住。

"谢谢你，帕特里克。我非常……感动。你也不是，也不是一个人。我真的希望你和你的妻子……"

"是的，我也是……"

他们没再继续互诉衷肠就离开了，男人的羞耻心使然。马西米兰暗暗发誓再也不对别人妄下论断。

37

有些原谅需要时间

唯有时间可以原谅别人，也原谅自己。

罗曼进入一家商店的时候，门上的铃铛随着她推门而愉快地响起。天气很好。是一个和煦的周六，这在巴黎太难得了。罗曼决定这天下午放纵自己尽情地快乐购物。几天前开始，她就像圣诞老人一样开心。学员们的进步让她非常开心。尤其是那节课上马西米兰的忏悔让他坚硬的外壳终于碎裂了……

还有他们互相交换的眼神！她好像透过他的眼睛直看进了他的内心，发现在这对心灵的窗户内，有一个比她想象的敏感得多的灵魂……这可说得上是一件好事。罗曼试穿了一件红色印有字母的套装，在假想的马西米兰面前转了一个圈。

"我要这套。"她灿烂地微笑着，把套装递到售货员面前。

亚丝明娜（胸牌上是这样写的）说出一个三位数的价钱，这让罗曼脸红了一下，又白了。卡刷得发烫，算了，随它去，正如她不能任由马西米兰的热情冷下去。他因为没能提早发现妹妹的苦衷感到痛苦不已。这很感人。

罗曼跟他聊过这件事，他承认自己为对朱莉的态度感到万分难过，她仍然拒绝一切接触。最后，他终于同意罗曼去找他妹妹谈谈。罗曼于是去橙水诊所看望了朱莉。她还记得看到马西米兰的双胞胎妹妹时内心席卷过怎样的情感。他们太像了！罗曼使出浑身解数为自己的学员辩解。

"您知道，您的哥哥对于没能帮助您感到万分沮丧！"

朱莉轻轻地哭着。朱莉握住她的手。

"我知道，我对他很冷酷。可能太过冷酷了。我变成这样，不是他的错……但我，我太坏了，我想把我遇到的不幸都归咎于他！近些年他变得那么疏远，我为此怨他。我们儿时就像是一只手上的两根手指！即便到了上学的时候也是如此。之后他就迷上了升职游戏，没人能让他停下来！我也是，我也曾一心扑在事业上，但时尚行业变幻无常。突然，一路通向地狱的下坡路开始了。我收到的电话、合同越来越少。我觉得自己被世界遗忘了。每一天，我都觉得自己在和空虚周旋。这时，我经历了一次痛苦的分手，一次来自我以为将会相伴一生的男人的背叛！我觉得我被吸进了痛苦的深渊，而我的哥哥，他像开玩笑似的看待这件事！我那时受不了……"

这次交谈使罗曼相信朱莉已经开始让步了，她不再觉得哥哥应该为她的崩溃负责。这是一大步。罗曼没少夸奖马西米兰，说他正在参与项目，并且取得了不可思议的进步……夸奖得不遗余力。朱莉有没有发现罗曼对她哥哥超出职业范畴的爱慕？罗曼希望没有。她拜访的目的就是为了让朱莉明白回到哥哥身边的重要性，以及让一个深爱她的人陪伴身边帮她康复的重要性。

"所有人都值得拥有第二次机会，不是吗？"

朱莉表示同意。虽然目前她觉得自己还没准备好见马西米兰，完全想明白毕竟需要一些时间……她大概需要时间才能原谅哥哥的失职，尤其是要原谅自己……

罗曼想着这些，走进了一家咖啡厅点了一杯冷饮。没有得到被自己伤害过的亲近之人的原谅，她的学员们很难更进一步！他们至少得表现出和解的意愿。下次 Q 势公司的课就应该以此为主题，罗曼边思考边品尝着冒着细密泡泡的柠檬汁。

38

学会请求原谅

永远不要因承认错误而感到羞耻，因为承认错误也可以解释为
你今天更聪敏。

两天后，罗曼对着学员们说出了计划，她希望每个人想出一
个创造性的办法向被他们伤害过的珍视的人请求原谅。

"开动脑筋！大胆去想！"

请求原谅，请求原谅……真有她的！这是罗曼从学员们的眼
神中读到的。这对有雄性症状行为的人来说确实不容易。因为请
求原谅一定程度上就相当于承认自己的错误。那些道歉的话会像
带刺一样划伤他们的嘴巴和自尊。

"如果我们被拒绝了呢，你想过这一点吗？"帕特里克不满地
嘀咕，非常抗拒……

"这是有可能的，帕特里克，但是你无论如何都赚了。如果

你去请求原谅，你会重新获得你妻子的尊重，你也会更看得起自己。你会如释重负。你不会为自己的尝试后悔的。所以，如果道歉没有见效，你至少心里会更轻松，会有一种行了当行之事的感觉，还能有尊严地翻过这一页。而如果对方接受道歉，那么当然，你们就可以重新在健康和谐的基础上重新书写你们的故事……"

这番话说服了帕特里克。他开始意识到和他在一起生活不是一件容易的事，而且他做出的那么多令人伤心的举动难道不值得他道歉吗？罗曼希望如此。帕特里克爱他的妻子。这一点她可以赌咒发誓。她很高兴看到他苦思冥想地要找出一个好点子。

看到布吕诺认真思考如何道歉也是一件很有趣的事。他平时喜怒不形于色，而现在脸上透出几分温柔的意味……是不是想到了他年迈的姨妈阿斯特蕾？他以前那么爱她却多年没有和她联系了。他说出了自己的想法，他要假扮成快递员给姨妈送去他亲手做的小饼干！罗曼热情地对这个计划表示赞同。

马西米兰好像陷入了沉思。罗曼决定先不打扰他，于是转向了娜塔莉和埃米莉，确切来讲没有什么特别的人需要她们道歉。罗曼建议她们想一想如何与她们选中的一个人巩固关系。埃米莉想带她的儿子去厨艺圣地看一看。娜塔莉说她要给一个以前的同事打电话，她很喜欢这个同事，但从未认真了解过她。她会请她去家里吃亲手做的饭菜，她会好好了解这位潜在朋友的经历和爱好……她学会了倾听，明白了同理心的价值，这正是把所学运用到实践中的机会！

罗曼对大家颇富创造性的想法表示祝贺。马西米兰最后一个讲自己的计划，让她觉得十分惊艳。

15 天后马西米兰打电话给罗曼，给她讲了事情的进展。他等朱莉被护理人员带进了小花园就开始行动。14 个志愿者一收到他的信号就开始从橙水诊所的窗户里对着花园方向摇起纸板……

"ＰＡＲＤＯＮＪＵＬＩꞫ[①]"这就是他的妹妹转向大楼时看到的（三楼的一个志愿者把纸板拿反了）。二楼的窗户里出现的则是落款："ＭＡＸ[②]"。

"太棒了！她是什么反应？"

"实不相瞒，我在诊所接待处见到她，在一群围观的人中间，她又哭又笑。然后……她扑进了我的怀里！"

"这真是好极了！我真为你高兴。"

"这一切都要归功于你。"

"我只是做了分内之事！"

"别谦虚了。我欠你很多。妹妹跟我和好了，我真不知道如何感谢你才好。"

"那你就把课程坚持到底吧？"

"看看我到底能做到什么程度……"

从他的语气里，罗曼可以感觉到他已经准备好要竭尽全力。

---

① 意为"对不起朱莉"。
② 马西米兰名字的前三个字母。

39

"可能性苹果树"

成长的目的不是为了对抗不满，而是为了探索生命更多的色彩和可能性。

老天，为什么清晨的时间过得总是这么快？罗曼一边愤愤抱怨，一边像在公寓里跑半马一样收拾着周末要用的东西。她父亲还有不到半个小时就要来接她了……什么都不能忘！箱子还没扣上，打印的文件得带上，还有给学员们准备的惊喜。这么长时间过去，学员之间的联结越来越紧密，罗曼为此感到高兴。在她看来，友谊是迈向利他主义的第一步，二者就像远房表姐妹。

项目到了这个阶段，正适合来一次周末团建，半是放松，半是仪式，既为了庆祝已经取得的进步，也为了在一个很有启发意义的环境里继续课程。

见面的地点约在Q势公司的门口，有两辆车在那里等着。门铃响了。罗曼赶紧去开门，口中碎碎诅咒着关不上的箱子。父亲太了解她了，她很感激父亲没有点明她有点神经质的状态。让·菲利普知道，对她来说，出行的日子总是压力很大。他慈爱地把女儿和箱子隔开，自己去帮她把箱子扣上。他的淡定和力量让倔强的箱子很快乖乖听话了。他们把所有东西运上电梯。

让·菲利普坐在方向盘前。罗曼总是对他现在开车时的淡定感到很惊讶，这和他以前的雄性症状倾向截然不同。一路上两人很安静。罗曼很紧张，双手扯着纸巾。父亲注意到了吗？是的，肯定注意到了。但是他很谨慎地没有问她任何问题，她很感激父亲的体贴。当他们来到 Q 势公司门前，所有人都到了。帕特里克，埃米莉，布吕诺，娜塔莉还有……马西米兰。众人中间洋溢着节日的气氛，聊天聊得正欢。罗曼开始和马西米兰愉快地讨论什么，这逃不过她父亲的眼睛。她看到让·菲利普瞟着他们的方向，像是开启了警戒雷达，想知道他们在聊什么。一般来说，她和父亲无话不谈，但这次她想给自己保留一片秘密花园。她觉得在父亲眼里看到了一丝担心和不赞同。可能他怕她在这位有雄性症状的先生身上进行冒险尝试，而他可能伤害他的小姑娘？很久以来第一次，罗曼真正被父亲过度的保护欲惹恼了。她故意背对父亲，不让他看到自己的脸。让·菲利普于是马上表达了自己的不满，他催大家赶快出发，烦躁地嚷着走了走了走了走了，把众人赶向车子。

马西米兰自告奋勇开车。自从不再用司机，他好像喜欢上了开车。罗曼坐在了副驾驶，娜塔莉坐在后排。让·菲利普坐在了另一辆车的驾驶室里。他们要去的地方在上诺曼底，GPS 并不总是好用，尤其是快到终点的时候，每辆车上最好有一个认路的人。

路程大概有两小时。目的地——"可能性苹果树"，一个真真正正的庄园。罗曼给他们介绍这个她和父亲一起创办的地方，这是一个艺术之地、哲学之地、个人成长之地。在那里，他们会见到索菲娅和樊尚，他们是一对夫妇，在和 Q 势公司合作的这一年里负责看管庄园。

一路上非常顺利，但正是这一点使罗曼神经过敏。在一个封闭的空间里待两个小时，时不时地感到马西米兰的手在换挡时快速擦过她的膝盖，这是一种折磨。当然挺轻微，但仍然是一种折磨！看到终点临近罗曼有点高兴。

一小队人刚刚下车，罗曼就把大家集合在一座老式诺曼底建筑的会客厅里，整个建筑不容置辩地散发着魅力。

学员们坐在弧形的红色大沙发上，上面配有马菫菜色和紫丁香色的靠垫。客厅里有一个庄重的壁炉，木制外壳一直延伸到屋顶，这样的垂直高度给房间增加了几分威严的味道。在他们头顶，是一个漂亮的枝形吊灯，灯泡的形状仿照蜡烛，在众人脸上投下温暖的光晕。屋顶上的房梁横平竖直是坚实的存在，朝花园开的玻璃门仿若素笺是明净的空茫，二者相得益彰。

索菲娅和樊尚站在大家面前，向大家表示欢迎。索菲娅是一个漂亮的棕皮肤姑娘，头发长长的，穿着黑色哈伦裤，上衣则带有东方风情，装点着饰带。樊尚是一个健壮的男人，头发基本剃光，蓄着精心修剪的络腮胡，面部棱角分明，眼睛闪闪发亮。这对夫妇身上散发出一种很有感染力的快乐情绪。

"索菲娅和樊尚会带你们去看房间，但在这之前，我要让你们交出你们的电子娃娃!"罗曼微笑着道。

"我们的什么?"马西米兰不安地问。

罗曼走近他,脸上微笑未去,向他伸出一只摊开的手,显然是要他交出什么东西……

"你的手机,马西米兰。"

他看着她,目瞪口呆。

"我不可能交出手机!"

较劲开始了。

"马西米兰!手机占据了你太多的生命,相信我!你应该学着切——断——联——系。"罗曼声音有些大,她的父亲过来了。

"有问题吗?"

显然,让·菲利普什么事都要插一脚,这又惹怒了罗曼。

"没有,爸爸,没有问题。我只是在向马西米兰解释稍微少用一点手机才能更好地利用时间……"

然后她转向马西米兰:

"我保证,今晚的头一个小时你可以查看一下信息……"

马西米兰败下阵来。他不情不愿地从口袋里掏出手机,低声抱怨着交给罗曼。罗曼毫不妥协。他不满意也没办法!她的任务是让他获得新的体验,少一点人造产品,多一些真实,这样可以让他找回自己。然而,代价就是在她想进一步拉近感情的时候,她惹恼了马西米兰……

罗曼对其他学员也是同样的要求,她把他们的"电子娃娃"都放到一个小筐子里,就好像花园里采来的苹果。她简单解释了这些看似只是功能性的产品为什么比传统的物件危害更大,电子产品是专制君主，强迫人们服从"随时保持联系"的专制制度，像吸血鬼一样吸走了人们面对面交流的时间，造成了不良的依赖，而对电子产品上瘾一样的依赖只会加重人的焦虑，使人不由自主地时刻保持警惕。

罗曼希望学员们能够体验平静、真实，重新和自己建立联结。

目前来讲，学员们并不这样理解，和"护身符"分开的时候人人面色阴沉，好像把他们脱光了一样。去房间的时候，所有人都没好气地看了一眼罗曼。

希望这个周末的活动能让他们原谅我……

40

凤凰牌游戏

人是自由的,但要受到命运的限制;反过来,只有在自由中,
命运才有意义。

安顿好后,马西米兰决定去大花园里散散步,这时他才放松
下来。因为,说实话,一开始他很害怕被埋进这样一个远离文明
世界的洞穴里。

在来时的车上,他就在想,这次周末活动有什么不寻常……
说真的,他一点也不愿意被关进这个充满绿色植被的与世隔绝之
所。他可是超级城市人,他坚信(仍然坚信)自己和乡下是不兼
容的。他害怕帕斯卡式的无聊。在穿过"可能性苹果树"的栅栏
时,他的担忧得到了证实——他不知自己身在何方。没有贸易,
目之所及没有活物。只有一片绿色,太多的绿色。

但是罗曼的存在让事情变得不一样。她一个人就可以为这次

出行正名。他清楚地感觉到他俩之间有互相吸引的苗头，但又不能十分确定。他对自己在错误信念那一课上的表现也有些担心。他的这一面，会哭的这一面，会不会给他减分了呢？罗曼会怎样看一个展现弱点的男人呢？马西米兰希望利用这个周末看出点端倪，观察一下这个小姑娘对他是什么感觉，同时也想弄清楚自己的内心到底怎么想。

暴风雨要来了，马西米兰只能提前结束漫步，回到客厅和其他人聚在一起。湿气很重，有点冷。樊尚，这个地方的主人，在壁炉里点起了火，火光很快照亮了房间。

索菲娅端着当地铁饰店打造的漂亮托盘，里面摆满了热巧克力和自制饼干。房间里洋溢着轻松愉快的氛围，这使马西米兰不太习惯。在这个与世隔绝的地方，在这群人中间，他感觉很开心，他自己是第一个对此感到惊讶的人……

有几个人聚在樊尚身边，他灵感爆发，突然想用吉他创作几首歌曲。索菲娅则拿出一个有趣的小盒子。显然，这是一种纸牌游戏。马西米兰靠近一看，盒子上写着"凤凰牌"。

"这是什么？"他好奇地问。

"这是一种哲学塔罗牌。"索菲娅微笑着答道。

"啊！你要变成伊尔马女士[①]是不是？"

"不，不是。这根本不是一种占卜游戏。事实上，每次摸牌只能让人更加了解自己的处境或者他生活的某个领域……正是因此，这种牌也叫作'火苗'。"

---

① 童话中经常出现的占卜师的名字。

"有意思。"

"您想试试吗?"

马西米兰在她的语气中听出了挑战的意味,他心动了。他并不真的相信这些,但无论如何,鉴于他的手机被拿走了,完全无法和外界联系,他又有什么更好的事情可做呢?索菲娅做了个请他坐下的手势,让他问一个问题。在这个相对独立的空间里,马西米兰问了一直困扰他的问题——他和别人的关系会怎样发展,尤其是和女人的。

索菲娅冲他笑了笑,把牌摊成扇形,这些牌会从不同角度回答他的问题。

在接下来的几分钟里,他渐次抽出了六张牌,其中的三张引起了他格外的关注。第一张是关于他目前的能量状况—— 一张画着狂怒风暴的牌,代表着一次积极变化的旋风,也是一波可以将他身上的陋习一扫而光的浪潮,将把他推向重生。

太惊人了,马西米兰想道。

第二张上画着蜂蜜,揭示了他隐秘的渴望。马西米兰浑身起鸡皮疙瘩。这簇火苗照亮了他隐秘的渴望,他想在"另一个自己"身上找到幸福,珍贵的爱情像蜂蜜,像甘露,可以治愈他的伤口,给他带来久违的甜蜜和欢乐……

"有意思。"他简短地说道,试图掩盖内心的震动。

第三张牌使他禁不住做了个鬼脸。一条火龙! 好嘛!

"马西米兰,你是不是有时候觉得自己挺吓人,太过强势?"

"嗯。也许吧……但远远不到像一条龙那样吧!"

"这条龙想说的是要小心不要用'灼热'的语言伤害别人。

尤其是对女人，要更温和，更亲切。"

马西米兰向罗曼那边看了一眼，自问她会不会也把他看作一条恶龙……索菲娅看到他的担忧，觉得应该安慰他一下。

"不要担心，没有什么是不可逆的！您完全有方法驯服您心中的龙……"

正在这时，娜塔莉靠近了他们的桌子，打断了谈话。

"该吃饭了！"她高兴地宣布，"你来吗，马西米兰？"她说着向他伸出了手臂。

至少，我不是对所有人来说都是条恶龙，商人多少有点安心地想道。索菲娅在他们离开的时候叫住他。

"如果您愿意，晚饭过后，我可以再让您抽一次牌……以解释最后一张牌的含义。"她在龙牌上用手指敲了敲，冲马西米兰眨了一只眼睛，他轻轻咳了咳。

"太棒了，索菲娅！谢谢。那么待会儿见。"

他追上娜塔莉，让她手挽手带着他一直走到餐厅。罗曼奇怪地看了他们一眼。马西米兰希望罗曼不要误会他和这位联络员的关系。

他心不在焉地吃着饭，同样心不在焉地听着娜塔莉的絮絮叨叨。他没有在做梦，她是在表达好感，展示魅力。换作其他时候，他不会无动于衷。但现在，他满眼都是罗曼，那些"火苗"讲述的故事尤其和她有关，她是现代的智者——她的眼睛不怎么老实——她会在上菜的间隙看他。他迫不及待想知道谜底，想知道怎样才能不被当作恶龙……罗曼是他唯一心甘情愿放进自己堡垒里的女人，如果被她误会，反过来给自己一击，那就太令人难过了……

41

火苗指点迷津

大人教孩子如何不再惧怕黑夜，孩子教大人如何不再惧怕白天。

晚饭过后，大家迈着轻松悠闲的步子回到大客厅。罗曼拿着装有手机的篮子进了房间。她走到马西米兰旁边把他的手机还给他。

"哦，谢谢你，罗曼。"他一副漠不关心的样子，拿起手机，神游物外地把它揣进上衣口袋，然后转向了在他面前坐下来的索菲娅。

罗曼转过身去，马西米兰目送她的背影。他可以发誓她很想留在这里，听听索菲娅的"智慧之言"，欣赏一下这种赋予纸牌意义的艺术。

"马西米兰，我建议您再补抽一次牌，看看这副牌可以给您些什么建议，让您不再被女人当作恶龙……来吧，抽第一张！"

马西米兰有点害怕看到自己要翻过来的这个火苗，同时又有点激动。他没法不相信纸牌的力量，这个游戏仿佛真的有魔力，可以反映玩牌人的现实状况……他抽到了花园牌，上面有一个位于城堡内部的漂亮花园，被围墙围住。一只大脚出现在半掩的门里，好像在等待主人邀请他进去。花园异常繁茂，带着让人难以抗拒的吸引力。马西米兰看着索菲娅的反应。

"从象征意义上讲，这个火苗是说让您向另一个人敞开心扉……这让您想到什么吗？"

"嗬。是的，想到了……"马西米兰吐了口气，想到的是罗曼。

"和刚才的龙牌结合起来看就太有意思了，因为龙一旦放下防备，身后会出现什么呢？"

"呃……我不知道，我……宝藏？"

"是的，马西米兰！就是宝藏！您可以得到的宝藏是什么呢？"

马西米兰心里已经有了答案，但他不敢说出那个词。索菲娅压低声音替他回答：

"没错，就是这个，马西米兰。爱！但为了得到爱，您得放下吊桥，别人才能进入您的花园！"

马西米兰有点脸红，这可是他小学以后就没有过的事情了。

罗曼在房间的另一头正全神贯注地和父亲下着棋。她赢了吗？隔着这么远的距离，他看不清，但他觉得她眉间因专注叠起的皱纹非常有魅力。

"那么，要如何打开这扇门呢，马西米兰？"索菲娅继续说。

马西米兰抽出另一个火苗——一个小孩子。

"孩子牌！这是一个美好的希望，希望您不那么'大人'，多找找乐子。重新找到惊叹的能力，听从内心的能力！显然，到目前为止，您都把自己控制得太好了……'大人教孩子如何不再惧怕黑夜，孩子教大人如何不再惧怕白天。'马西米兰，您得多听从内心，不要事事都用理性思考！敢于体验生活中的一切……现在，我们要看看您需要在和女人的关系中做出怎样的改变。"

马西米兰抽出了一张凤凰，这是这个游戏中最特别的一张牌。它象征着应该让以前那个像恶龙一样的马西米兰死去，让新的能够敞开心扉的马西米兰诞生。这是真正的涅槃重生！

这个纸牌游戏出乎意料地触动了马西米兰。他抬起眼睛看向楼梯，埃米莉、帕特里克和让·菲利普正在上楼去睡觉。这个游戏用了很长时间！

"快结束了，"索菲娅像是能看到他的心思般对他说，"最后一步，"她用一种充满仪式感的语调说，"要想打开您花园的门，应该注意些什么呢？"

看着摆成扇形的纸牌，马西米兰颤抖的手指像是被一张有磁力的牌吸过去了。翻开牌一看，是拥抱。

索菲娅轻轻叫了一声。马西米兰看着这张大胆的牌颤了一下，牌上画着两个交缠的裸体，一个男人和一个女人热烈地肌肤相亲。

这个凤凰牌游戏真是让人面红心跳啊！

他感觉身上更热了，因为罗曼靠了过来。

"怎么样？你学到了很好的东西吧，马西米兰？"

马西米兰有点孩子气地把拥抱牌生硬地扣上。他不想让罗曼看到。

他嘴都张不开地嗫嚅着说他觉得这个纸牌游戏确实很有意

思。罗曼应该是感觉到了他的窘迫，因为她走开了，显然对自己被排除在外感到有点失落。

"那么，晚安了！"

"晚安，罗曼。"马西米兰答道，一直等到她消失在视线里才又把那张尴尬的牌翻回来。

"啊，拥抱！"索菲娅继续说，"临时起意的身体亲近……心和心、身体和身体！看这对裸体，什么都不想地把自己交给对方。闭着眼睛，互相信任……难道这不就是最终和您的另一半获得幸福的秘密吗？"

马西米兰仍然感觉有些窘，但没有表现得太明显。他热情地感谢了索菲娅肯花时间跟他玩这个游戏。

"您很有天赋，"他帮索菲娅收拾纸牌的时候赞道，"这太……有趣了！虽然只是纸牌……"

"是的，当然……重要的是，您可以和这些牌产生共鸣，它们可以使您把感受到的看得更清楚。"

马西米兰不由自主地想到刚刚上楼去睡觉的罗曼，想到她的优雅，想到他感受到的感情。

"确实……我看得再清楚不过了。"他自言自语道。

42

来场化装游戏

换个装扮，遇见不一样的自己。

罗曼这一夜睡得不怎么踏实，这个奇怪的晚上对她来说不太舒心。马西米兰好像对索菲娅的纸牌游戏着迷了。她想知道索菲娅到底说了些什么让他这么感兴趣。罗曼过去看他的时候他都没怎么注意她……还有他在晚饭的时候和娜塔莉表现出来的亲近，真是太不合时宜了！罗曼对着房间里挂着的镶铁质花边的椭圆形镜子化妆。她看着描了黑色眼线的眼睛里的光。你会不会有一点……嫉妒？哦，打住！她很为自己在内心里选定的这个词气恼，为了甩开这种想法，她赶快下楼去吃早饭。

罗曼很喜欢这个能让她重新获得活力的时刻。她享受着这迷人的景象，就像在维米尔的画中，客人沐浴在从窗台穿过的金色阳光中。马西米兰下楼来加入大家的时候，她故意摆出对他毫不在意的样子，没道理只有他可以表现得漠不关心。她很清楚这样做很滑稽，而且她最好重新把注意力集中到工作上面。对于这个小组，她还有任务要完成，小组中包括马西米兰。庄园主人樊尚教大家如何对着马耳朵说话，整个早晨，罗曼都与马西米兰保持着距离……

午餐时间到了，学员们有幸品尝了庄园大厨安德烈准备的各种奇迹，这是一席典型的诺曼底风格菜肴，选用来自大海和富饶土地的最优质食材。安德烈曾是巴黎一家星级餐厅的大厨，他在这里找到了安宁的世外桃源，既可以继续自己的艺术，又可以免去俗世的压力。他把所有的创造性以及允满惊喜和风味丰富的精湛厨艺都贡献给了庄园和 Q 势公司的学员。

食客们都被千层猪肉香肠夹卡门贝奶酪糊所惊艳（单看名字绝对想象不到有多好吃！），佐餐酒是当地产的黑皮诺。

"这样一餐饭后可不能去约会！"帕特里克把大家想说没说的话大声说了出来。大家都笑了，罗曼笑得尤其响亮，马西米兰奇怪地看了她一样。她有点困惑，觉得应该马上放下酒杯，黑皮诺可不是果汁……她有点紧张。她父亲看到了，蹭到她身边：

"还好吗，亲爱的？"

"好，好，一切正常。"罗曼用平静的语调回答，以使父亲安心。

大厨又端上了苹果烧酒火焰虾，配果味干白霞多丽。罗曼用手挡住杯口拒绝灌酒。她最好保持头脑清醒，她已经……摆盘精致的菜品看上去那么美味，香气扑鼻，由不得大家不安静下来静静品鉴。所有的菜都有苹果酒面包和另一种历史可以追溯到中世纪的名为德赫盖特的面包相佐。

甜点是一些奶油蛋卷，里面的奶油掺了杏仁碎屑，两端以巧克力封口。我要爆炸了！罗曼想着，直直地往嘴里送了一个美味的蛋卷。她吃得开心的样子大概看上去很有趣，因为马西米兰不错眼地看着她。罗曼差点把蛋卷直接吞下去，脸微微发红。然后她发现，这一切都没有逃过父亲的眼睛。她明白再也没法把父亲蒙在鼓里了——他全明白了。这件事已经不是石头下的鳗鱼[①]，而是石头下的猛犸象了。让·菲利普好像对这种情况并不十分满意。

罗曼灌了一大杯水，以使自己清醒一点，然后她又要了咖啡，这是大家现在都想要的。她感觉到困意向所有人袭来，她得让他们清醒一下，计划里可没安排午休！

"别睡着了！15 分钟后我们就要开始一个给大家带来惊喜的活动，由索菲娅和樊尚来主持！"

"在哪里进行？"埃米莉担心道。

"在你们看到的庄园入口旁边的那座建筑……"

所有人都慢慢溜达着向那边走去，当作消食。

当罗曼把大家带到小屋的时候，他们很惊讶地发现这里是一个……剧院！

他们没有马上认出穿着奇装异服等在那里的人。罗曼颇有兴致地观察大家看到小丑走过来时的反应。

"这是个滑稽剧，还是什么？"帕特里克大声说道，隐隐有些不安。

表演确实让人惊讶。罗曼每次看到庄园主樊尚化装都大吃一

---

① 法国俗语，表示可疑的事物。

惊，他此时正向他们走过来，完全认不出来——经典的红鼻头、黑色瓜皮帽、鼹鼠灰的短上衣，身体在里面搞笑地摇来摆去，灰褐色的长裤连着绿松石色的背带，蝴蝶结，周围涂黑的眼睛显得更大，脸颊涂成火烧一样的红色，和涂白的面部形成了鲜明的对比……

"欢迎大家！"他用一种奇怪的语调说道，调节着现场气氛。

罗曼和其他人不同，她一下认出了戴着黑色卷假发的索菲娅，后者行了一个毫无敬意的屈膝礼，她把短短的鼓起来的裙子甩到后面，显出一个填塞出来的硕大臀部。这是一个令人兴奋的下午。

43

戴上面具释放天性

戴上面具，就仿佛卸下了所有的伪装。

马西米兰午饭有点吃不下。这与食物无关，是罗曼的表现使他不知所措。首先，他不习惯看到她这样，有点兴奋过度，有点神经质，为了屁大点事兴奋得大笑……还有眼神，她不停投给他的眼神！她颇有点色情地吞下整个杏仁奶油蛋卷的时候……他觉得自己要晕过去了！她是完全没有意识到自己对他的影响，还是在故意捉弄他可怜的神经？

走向下午的活动地点——剧院的时候，他感到脚步虚浮。当他明白下午是小丑工作坊的时候，第一个念头就是溜之大吉。说实话，他不觉得自己有幽默感！他冲罗曼的方向做了个鬼脸，罗曼回之以一个鼓励的微笑。马西米兰投降了；为了给一个女人留下深刻印象，又有什么是不能做的呢……

小丑樊尚想让大家放松下来，下午的主题是欢乐。请把批判思维和过度的自我控制丢到衣帽间。

小丑索菲娅把一张大大的桌子当作阿里巴巴藏宝洞，上面摆了各种道具（化妆品、服装、假发和各种饰品），罗曼发言了。

"我希望给你们一个表达的空间，让你们体会到自己身上最本真的一面，喜欢玩耍而不是评判，喜欢自由而不是控制。你们今天要塑造的小丑将既是你们漫画化的一面，也是你们真实的一面。从别人的眼光中解脱出来，敢于给自己找乐子。我希望你们可以度过一段奇妙的时光！"

"你呢，你会加入我们吗？"马西米兰问道。

"我，不会。得有人拍照！"

懦夫，他很想这样嘘她。

罗曼好像读出了他的思想，因为她安慰大家道：

"不要担心，会一切顺利的！好好利用这次工作坊，学会如何与别人的眼光保持距离，同时也学会如何与自己对自己的批判眼光保持距离。这里没有什么完美的标准需要达到，没有什么目标需要实现。只要做自己，让自己高兴！"

然后她就开始摆弄相机，准备让接下来的许多个瞬间变成永恒。马西米兰此时可以想象股东们碰巧看到他扮成小丑时的表情！他在角落里苦笑着，感觉全身乏力，但他的同伴却表现出对变身的热情，他们逐渐开始享受其中的乐趣。小丑樊尚给了他们一些基本建议——今天，每个人都要创造自己的小丑形象。

"不是让你们精神分裂。小丑不是'另一个你'，而是你即将揭晓的一部分，是你可能换一种方式就不敢表达的部分。"

"那鼻子呢，怎么戴？"娜塔莉插嘴道，迫不及待地要试试。

"对鼻子来说，最重要的是，我们永远不在人前戴上，总是避过众人的目光！之后，不可以再动它。你们会看到，这可能是世界上最小的面具了，但它可以让人摘下更多的面具……"

这正是马西米兰所担心的。

"想想怎么把你们的个性漫画化，或者塑造一个和你们本人截然相反的人物！"小丑樊尚继续说，"是的！很好，埃米莉！"他大声说，只见埃米莉扮成了一个非常夸张的妈妈小丑，肚子和胸部都很大。

罗曼凑过去用相机定格这些正在诞生的人物。

简易试衣间的帘子被刷的一下打开，后面出现了让人认不出来的布吕诺。他，机器人先生，无可挑剔的经理，向来穿得一丝不苟，这回实现了一个让人印象深刻的变身。众人爆发出一阵笑声。小小的黄色圆镜片，嘴唇描成红色心形，红鼻子，眉毛上方画了黑色的睫毛延长线，黄色的领带，粉红色的衬衫，酒瓶绿的短外衣，最出彩的是头上还戴了泳帽。

哇哦，闪亮登场，马西米兰想道，非常欣赏布吕诺的勇气，也对他敢于打扮成这样深感震惊。马西米兰永远不会相信像布吕诺这样的人竟敢做出如此荒诞的事情。不可否认，布吕诺从参加课程到现在变化实在是……

帕特里克创造的人物让马西米兰认不出来……他向索菲娅要了纸壳，正在做着什么。好神秘。帕特里克和马西米兰头几个月里经常剑拔弩张，但在错误信念那一课后他们不可思议的对话使得许多事情发生了变化。虽然他们有很多不同点，但他们也因为被所爱之人拒绝的痛苦而找到了相似点。

马西米兰有一点焦虑，别人都有了想法，但他还是一片空白……他觉得自己思路卡壳了。而且，必须承认，他害怕如果他不能应对这个挑战，罗曼会看扁他……其他人都做到了，他不允许自己不上场。最后，在一堆乱糟糟的想法中，他终于找到一个点子。为什么不能塑造一个和他完全相反的人物——一个流浪汉小丑！他把自己的想法对小丑索菲娅说了，她马上表示赞成，并主动要求帮他完成这个角色。在镜子前，他往脸上涂着白色的油彩，看着自己的脸发生着变化，然后在嘴唇周围涂上红色。小丑索菲娅帮他画上忧伤的八字眉。灰色的软帽一直拉到耳朵，显出一副破落相，让他大乐。再穿上一件深深浅浅灰色细格子的穷酸外衣。马西米兰特别设计了小动作，让外衣紧紧贴住胸膛，一副很冷的样子。打上一条过短的红色领带，弓起背，人物变身完成，一如所愿地显出卑微的神气。

游戏可以开始了。小丑樊尚在地上用绳子围出表演场地。

"今天，你们要在舞台上表演小丑的诞生……"小丑索菲娅颇具仪式感地宣布，一阵轻微的紧张气氛掠过人群。"第一件事就是给你们的小丑取一个名字！开始吧！不要想太多，说出第一直觉就好！不要否定自己的点子！"

小丑索菲娅帮大家想名字。娜塔莉变成了"唠唠叨"；布吕诺给自己起名叫"蚊子"；埃米莉，"蛋壳壳"，因为她像一只充满柔情的母鸡，总想把孩子护在壳里；帕特里克，"胖丁"[①]，因为

---

① 《口袋妖怪系列》里的角色。

他肚子上的"游泳圈"……只剩马西米兰还像个答不出问题的学生，他不由得高声抱怨道：

"起名字，真是终极难题……"

"好嘛，这就是你的名字了！"小丑索菲娅高声宣布。

"什么？"

"终极难题！"

马西米兰不知道对自己的新绰号做何感想，但尽量忽略同伴揶揄的目光，罗曼更过分，好像过节一样高兴。小丑樊尚提出了要求——小丑要结成对子。一开始两个人都躺在舞台上假装睡觉。然后发信号的时候第一个小丑醒过来。第二次信号的时候，第一个小丑动作定格，同时第二个小丑醒过来。最后第三次信号发出后，两个小丑一起开始即兴表演，此时唯一的要求就是两个人只能用"是"来回答对方所有的提议。

"我想跟马西米兰一组！"帕特里克宣布，出乎所有人的意料。

马西米兰惊讶地瞪圆了眼睛。没错，他们最近是放下了战斧，但现在一下子要变成戏剧搭档！

娜塔莉看起来有点恼，她俯到马西米兰耳边：

"太可惜了！我很想和你一起演的……"

小丑樊尚请第一对小丑自告奋勇上台。马西米兰深深缩进椅子里，想让自己被忘掉。娜塔莉像往常一样第一个迎接挑战，她拖着埃米莉上了台。然后是布吕诺，他和小丑索菲娅一起上台。他们都令人惊讶地轻松完成，马西米兰奇怪他们为何能做到如鱼得水。此情此景只会加重他的紧张，这种感觉对他来说可不常有，他可是惯于在大场合显威风的。但现在……亲自上台演戏！这是另一回事……让他如此害怕的时刻还是到来了。所有的目光都转向他和帕特里克，等待他们登台亮相。

"我……我不知道我能不能演好……"马西米兰给自己找台阶下。

"释放自己，马西米兰。不要想太多，想到什么就演什么。"

出人意料的是，帕特里克拉起他的胳膊给他鼓劲。

"来吧，伙计！"

帕特里克把他拉到屏风后面。

"去吧，戴上鼻子。放松。"

帕特里克在教他？这个世界颠倒了。

"别担心。我们会很搞笑的，"胖丁帕特里克安慰他，"我开始了？"

上台前，帕特里克冲他眨了一只眼睛。马西米兰一个人待在屏风后，再没有后退的余地。他紧张得喉咙都打结了。来吧，终极难题！他不无讽刺地对自己说，给自己加油，同时深吸了一口气。这一切都很滑稽！但他本能地知道，如果他不上台，罗曼会很失望的。他看到帕特里克躺在地上，好像睡着了，想起当他的小丑诞生时，他也得这样做。第一个信号发出，胖丁开始动了，这第一个动作就引来一阵笑声。这个家伙表现不错！胖丁帕特里克对大家讲了自己的故事，大家都聚精会神。故事的内容是在他心爱的女人离开后，他如何丢了自己的心……因此他的胸膛上有一个大洞（帕特里克把心脏处的衬衣扯破，用化妆的油彩在那里画了一个黑洞）。他揪心的故事打动了众人，他正在解释从此以后他如何变成一个替别人补心的人……这就是为什么他从白罩衫里掏出了奇奇怪怪的工具，在他身后用一根细绳拴着一颗缠了绷带的心。

马西米兰沉浸在帕特里克的情感和故事里。他确确实实太让人震惊了。谁又能想到有一天马西米兰会这样看待帕特里克呢？

正想得出神，马西米兰突然听到发出的信号，颤了一下。胖丁帕特里克停下表演，定格了动作。马西米兰咽了咽口水——到他了。他会把流浪汉小丑演绎成什么样呢？随性而为，他反复重复着，不要想别人的眼光。他开始缓慢地活动，非常慢地伸展着四肢，揉揉眼睛，好像刚从好几个世纪的沉睡中醒过来。他开始查看自己的衣服，突然意识到自己衣衫褴褛。所以，他大叫出声，带着哭腔，声音拉长，发自肺腑，把感情表现得很夸张。

"怎——么回事？"

"终极难题"马西米兰摸遍口袋，把口袋翻出来展示给大家，表示里面空无一物。

"破产了。我破——产了！"他嚷道，声音尖利，充满痛苦，哭得更凶了。

他听到人们在笑。因为他很滑稽吗？还是因为他演得太拙劣？"终极难题"不会怀疑，但马西米兰会。第三声信号响了。观众在鼓掌。双人表演可以开始了。马西米兰觉得自己听到了罗曼在大声叫好，这让他有勇气继续下去。他接着说：

"我什——么都没了！财富、王国、权力……我以前拥有的一切……"

像是不胜愁苦，小丑"终极难题"弓着背，肩膀随着啜泣一抖一抖。

"欸，朋友，"胖丁帕特里克说，"我看你现在很不好。你说你什么都没了？但你确定这些财富和权力能给你带来幸福吗？"

"我不知道……但是没有了这些，我们又剩下些什么呢？"

"那么想想看，朋友，我们可能还有那些最珍贵的……"

马西米兰有点反应不过来。帕特里克是在进行哲学思考吗？他让大家思考的已经不仅仅是简单的戏剧表演了……

"那是什么，最珍贵的东西？"

胖丁帕特里克敲了敲马西米兰的胸膛，大声说出他觉得显而易见的答案：

"是心，我的朋友，是心！还能是什么？"

"啊！你怎么知道的？"

胖丁帕特里克脸色阴沉下来。

"哦，我嘛……我是吃了苦头才认识到这一点的。因为我把我的心弄丢了……"

"让我看看？啊是的，真的是这样，你的胸膛里是空的。但是心有可能找回来，不是吗？"

"我不确定，"胖丁帕特里克悲伤地说，"而且，不是我一个人说了算的……既然目前我的问题不能解决，我就变成了帮别人补心的人。"

"我还从来没有听说过这种事情！"

马西米兰崇拜地看着他的伙伴。

"你看，人不可能什么都知道，即便是处于金字塔顶端的人，拥有财富和权力！那么，你想让我给你检查一下你的心状态如何吗？"

"想的……"

胖丁帕特里克拿出放大镜，检查"终极难题"马西米兰的心，又做出听诊的样子，这样的动作引来一阵笑声。

"哦啦啦！你的心看起来可不怎么好！坑坑洼洼的！"

马西米兰完全进入了状态，感觉眼前的人和事都很真实。帕特里克的话让他颇受震动，好像突然看到了自己长满了肿块的心，而之前他从未注意过。

"我会把它修好！"胖丁帕特里克热情地说，从口袋里掏出奇怪的工具，变成了心脏修理工，"好了！多好看，像新的一样！它会重新运转良好的！但是小心，今后最好好好保养它！"

"谢谢你，亲爱的朋友。我简直不知道该如何感谢你……我没有钱可以付给你……"

"钱不重要……"

"但我想到一个主意……因为你好心修好了我的心，在你找到你的心之前，你愿意接受我的一小块心吗？"

"你真善良！"胖丁帕特里克感动地说。

"而且我要帮你重新找回你丢失的心！"

"你会这样做？"

"当然，伙计！"

两个小丑饱含深情地互相看了一眼，握了握手表示一言为定。又一个信号响起，这一幕结束了。观众热烈鼓掌。马西米兰为自己坚持到底感到非常自豪，感慨颇多，这是他事前没有料到的。他对帕特里克刮目相看，这是肯定的！他想祝贺他一下。

"你太棒了，帕特里克。你简直让人……难以置信！"

帕特里克好像对马西米兰这样的赞誉感到很吃惊。

"你也不错！"他微笑道。

然后，两人都觉得这样直白地表露情感有些尴尬，于是转而动手收拾东西。

在后台，大家都兴奋地谈论着今天的表演。马西米兰仍然不敢相信自己居然可以完成这样的表演。好像通过这次工作坊他重新找回了孩提时的快乐，是那种冲破了大人严格的条条框框的自由的孩子的快乐，是那种突破了政治正确的藩篱，放肆玩耍的快乐。多么让人陶醉的感觉呀！但是最好的礼物可能还是他在罗曼眼中看到的骄傲……

44

先生，非礼勿动！

爱与不爱都需要勇气，于是我们都选择了逃避。

工作坊结束后，罗曼帮着学员收拾东西，她很高兴看到他们表演后兴奋的样子。今天，每个人都敢于以自己的方式在认识自己和走近他人的道路上更进了一步，他们获得了新的财富。

她走到每一个人身边向他们表示祝贺。所有人都给了她惊喜。但马西米兰是最出挑的。这一点毫无疑问。她从来没有想过他可以在这次游戏中做到这种程度。他演出的流浪汉的神情和传达出的情感让她很受感动。帮人卸下面具的面具，她想道。现在，她能清楚看到这个男人的敏感，它长期被反锁在内心深处，一朝释放，就展现出这个人的另一面，让他充满了危险的吸引力……

周末要过完了。收拾东西的时间就是回巴黎的时间。学员们热情地感谢了索菲娅和樊尚，他们让大家度过了一个愉快的周末。

马西米兰坐进驾驶室，娜塔莉火急火燎地坐到副驾驶座位上，一路都在和他聊天。罗曼有点生气，她不声不响地坐在了后排座椅。让·菲利普同意布吕诺开车，自己坐在副驾驶。埃米莉和帕特里克这对好朋友挨着坐在后座上。

一路上，罗曼发现娜塔莉已经不再像以前那样一连几个小时喋喋不休了！她的絮叨时不时地填补空白，音调的高低起伏像摇篮曲一样。罗曼半睡半醒，只有马西米兰偷偷从后视镜里瞟过来的目光仍然让她不至睡着。

虽然路上车很多，他们还是很快就到了巴黎。马西米兰先请娜塔莉下了车。关上门之前，她俯下身子说再见，她的眼睛暴露了她的遗憾，她希望自己是和马西米兰分享最后一段旅程的人。但路线决定了她是先下车的那个。罗曼看到汽车远去的时候娜塔莉做了一个手势。

现在我们单独在一起了……坐到副驾驶座位上的罗曼这样想道。

"我送你回家吧？之后我再把车开回 Q 势公司给你父亲……"

"你真好……本来应该我来的！"

"这个周末你已经做了很多。你现在应该好好休息。"

他们来到罗曼家所在的奥斯曼建筑前时，下起了雨；他们把诺曼底①带回来了。马西米兰把车停在送货上门车的专用车位，打开警示灯。

"等一下，别动。我来给你开门！我看到后备厢里有一把伞……"

---

① 前文说过诺曼底在下雨。

伞骨有些涩，马西米兰费了一些力气才把印着 Q 势公司标志的大伞撑开，然后绕过车子彬彬有礼地帮罗曼打开车门。他们快速进了门廊。

"我帮你拿箱子，在这里等一下。"

多殷勤啊！马西米兰把领子竖起来，没有打伞，走过去打开后备厢，拿出了罗曼的小箱子。过了一会儿，他又出现在门廊下的时候，脸上淌下细细的冰冷水流。

"给。"他把箱子放到她脚边说道。他好像有点窘迫不安，看着她，说不出话，好像他想说的话堵在了喉咙。

"谢谢你，真的谢谢你，为我们准备了这么……精彩的周末！我……"

他凑近罗曼，罗曼紧紧抱住自己的小箱子，这是他们中间的最后壁垒。突然铃声伴随着开门声响起——有人从楼里出来。他从他们中间过去。罗曼笑了。随后笑容消失。两人中间只剩寂静，雨点敲打在车上形成了背景音乐。不能这样，不能这样。但罗曼不知道该如何拒绝。

突然马西米兰好像不受控制地抓住她的领子把她拉近，热烈地拥抱亲吻她。在这迷乱的一刻，她除了感到唇上火辣辣的吻，脑子一片空白。但很快，清醒突然回来了，她猛地推开他。

"马西米兰，不……我不认为这是个好主意，"她努力清楚地说，"这个……这个课程都还没有结束，而且，我……总之，你明白吗？"

马西米兰有点窘迫地看着她，眼睛因震惊睁得大大的，眼神是那种不习惯被拒绝的人遭遇拒绝时常有的眼神。

他假装自己很明白。但其实不知所措，他用一只手捋了捋头发，礼貌地和罗曼说了再见，然后消失了。

罗曼像一个逃跑的贼溜进了楼里。

"妈妈的！"沉重的大门一关严，罗曼就叹了口气。

她上楼回家，不由自主地走到窗边，拨开窗帘。他已经走了。

你没有错！她试着说服自己。她像被分成了两半，一半在庆幸自己拒绝了。和一个像他这样的人开始一段感情就等于跟悠闲的生活说再见了！而且从道德角度讲就更值得商榷了……但抛开这些理智的论点，另一半的自己却很沮丧。她不能否认自己很想那样做！但某些渴望最好锁起来，这样对大家都好……

45

陪小孩玩是耐心大考验

肯定别人的价值会带来不可估量的积极影响。

　　这是马西米兰这辈子第一次被拒绝。这让他沉浸在困惑的痛苦中。那神奇的第六感到哪儿去了？他可以发誓罗曼也是喜欢他的……他会不会弄错了？应该作何想法呢？如果，最终，她并不喜欢他呢？这一切都很让人气恼。他又想到索菲娅的凤凰牌游戏，是她建议他把自己花园的门打开的。她可真行！他倒是把门打开了，只不过门直直地撞到了脸上。马西米兰反复思量，在那些漫长的孤独夜晚，他都非常感激毛线球的陪伴，至少它不会拒绝他的情意。商人已经习惯把它放在膝头抚摸它柔软的毛，对它带来的安慰效果感到非常惊讶。但无论如何，他总是会想到罗曼。他的内心很久都没有像现在这么乱过了，强烈复杂的感情像海浪一样，而他只能随波逐流。在感情方面，他缺乏锻炼，感觉自己像处在光滑干燥的峭壁上，无处着力。为什么这些事情就不能像管理一家跨国公司那么简单？马西米兰叹了口气，觉得需要有人给他指条明路。这次他可不能向罗曼请教了！

而且那天之后，凝重的尴尬隔在了两人之间，使最近在 Q 势公司的几节课都不那么好过了。罗曼装作什么也没发生，这种冷漠的态度使马西米兰简直要发疯。但是，他很骄傲自己适应了游戏节奏。他也更多地接近娜塔莉，她真的非常喜欢和他待在一起。

在下一次课上，罗曼提出了一个新的体验活动。她解释说有人请他们以自由快乐组织的名义参加一个为期一天的公益活动，帮助生活条件不好的孩子。当然，这次体验对他们的课程来说也是富有教育意义的，去除雄性症状的残余，接种雄性症状疫苗——利他主义、善良、自我奉献、乐于分享……

"希望那天大家都精精神神的，不要生病！"她调侃地说，"我向大家保证那一天将是一个烟花般的巨大惊喜！"

神秘……那一天到了，一辆大巴来接学员，一路上，马西米兰都赌气不说话，好像有一堵墙把他俩隔开。这当然不是征服罗曼的正确态度，但到目前为止，失落感仍然刺痛着他，使他无计可施。

他还不知道这一天到底要做什么。太阳马戏团壮观的棚子让他看到了一部分答案。

"罗曼！你又在打什么鬼主意？"帕特里克叫道。

"别担心。不管是什么，我们都一起面对！"埃米莉向他眨了一只眼睛，回答道。

马西米兰悄悄地感动于他们惊人的友谊。他们这些人中间至少有两个人如遇知音……

此时，一辆校车停在学员们旁边，里面冲出一群欢闹的小孩，大概都是 9 到 12 岁的样子。

我可应付不来！马西米兰不安地想道。

罗曼向他们解释他们要做的事情。

"你们今天的任务就是让这些孩子度过绝妙的一天，让他们试试马戏团的各种项目。别担心，你们只需要尽力辅助演员就可以了！你们的参与和有感染力的快乐会让今天成为孩子们难忘的一天。好了，该你们出场了！"

然后她走到马西米兰身边，商人的脸色不怎么好看。

"别忘了微笑哦。"她悄声说。

"只有一件事能让我笑出来。"商人咕哝着，算是回答。

他的目光溜向罗曼迈着轻快的步伐远去的背影。

又是这样，假装没听到！他小声嘀咕着。这时，舞台调度员走过来，给了他一顶帽子和一根手杖，算是行头。

之后一名老师向他走过来。

"马西米兰，是吧？很高兴见到你。我把斯泰拉、拉姆、莫莫和阿齐兹交给你。你可以带他们去玩吗？"

他有得选吗？四双眼睛炯炯地盯着他，目光充满期待，还没开始玩就已经很开心的样子。马西米兰很快进入了自己的龙套角色，他把脸向两边扯开，用他还没感觉到的兴奋的语调说：

"走吧，孩子们！"

孩子们都高兴地拍巴掌，除了阿齐兹，他非常矜持。

四个小朋友想先试试走钢丝。演员向他们展示要如何做，然后他们就开始挨个尝试，看到同伴不可避免的失败，他们笑得前仰后合。幸亏钢丝不怎么高……

小斯泰拉身子圆滚滚的，这一项对她来说尤其困难。马西米兰感觉她要哭出来了。

"嘿，斯泰拉！你应该少吃几块糖的！"莫莫嘲笑她。

马西米兰维护了小女孩。

"所有人都能做到的。"他笃定地保证。

他护在斯泰拉身边，鼓励她走上钢丝不要害怕，用手扶她，帮她找到平衡。他发现不远处，罗曼正温柔地看着他。但是他只是表现出了自己的善意而已！他皱起眉头，一副赶她走的样子，这让罗曼的脸上掠过一丝悲伤。他耸了耸肩膀。他又能怎么办呢？他们之间变成这样又不是他的错。

小斯泰拉很开心，但是马西米兰注意到阿齐兹一直缩在一边。他走到他旁边。

"你想试试梯形架吗？"

"不，我什么都不会。"

显然，这个孩子打算顽抗到底。马西米兰本可以随他去，但既然到了这里，还是把好事做到底吧……对这个孩子，得用点技巧去哄。

"但是，我看你很强壮嘛！"

"啊，是吗，你真这么觉得？"小男孩看着自己的肱二头肌问道。马西米兰知道自己这招用得有效。

"来吧，给我看看。"

"您也得试试我才做！"

"但是，问题是……我太老了。"马西米兰想溜。

但是阿齐兹一双黑亮的眼睛紧紧盯着他，让他无处可躲。

太阳马戏团的演员并排放好两个梯形架。爬上去已经不容易了。想在上面待住就更难了！马西米兰差点摔个狗啃泥，这让小阿齐兹笑了出来。从他的表情看来，他已经开始喜欢这位费尽心思逗他开心的先生了。马西米兰尽量保持微笑，在演员的指导下大胆地做了一个倒挂金钟。这时他已经彻底赢得了斯泰拉的心。其他孩子都热烈地鼓着掌。马西米兰成功应对了挑战。阿齐兹也没有借口逃避了。他身体轻盈，身材瘦长，完美地完成了动作。

马西米兰帮他从架子上下来，然后好好表扬了一番。小男孩又高兴又羞涩地扭动着——不是每天都有人朝他扔鲜花的。

罗曼没说错，马西米兰想道。肯定别人的价值会带来不可估量的积极影响。如果大家能更多地应用这条规则就好了！

马西米兰又带孩子们去买了棉花糖，他们坐在台阶上品尝美味。

"你有孩子吗？"阿齐兹问他。

"没有……"

"你应该有一个。你会是个好爸爸。"满口塞着棉花糖的阿齐兹如是说。

哗。他完全接受了他。

"我不知道我能不能……我爸爸没给我做什么好榜样。"

"你爸爸他不带你去看马戏吗？"

"啊，不。我们家不是这样的……"

马西米兰不想继续聊这么私密的话题，于是向孩子们提出带他们去玩蹦床，孩子们愉快地同意了。

"怎么样？"马西米兰看到阿齐兹向他走回来，问他道。

"太酷了！"

然后阿齐兹教了他几个表示"一言为定"的手势——一整套时髦的手指动作。

一天结束了。马西米兰感觉一阵疲惫涌上来（带孩子可比陪客户难多了），但他一点也没有在孩子们面前表现出来。

演员和 Q 势公司的学员在大巴前集合。斯泰拉、拉姆和莫莫亲热地和马西米兰告别。阿齐兹的请求则让他毫无招架之力：

"你觉得我们以后还可以一起做点什么吗？"

马西米兰认真地看着他，情不自禁地感动莫名。

"可以的，可以的……保证。"他语无伦次，自己都被这样的回答震惊了。

阿齐兹跳起来抱住他的脖子，他的同伴还有罗曼都目瞪口呆。

马西米兰揉乱了小男孩的头发，把他推向大巴，免得他看到自己蒙上泪意的眼睛。显然，最近他变得敏感了……

返程的时候，在 Q 势公司的车上，马西米兰一路上若有所思。他参加这个项目是想改变自己。但让他意想不到的是，在改变自己的过程中，他还能改变别人……这个发现使他对这个项目有了新的认识。他闭上眼睛回想今天下午发生的事情，再睁开眼睛时，他发现罗曼正看着他。他抖了一下。这个眼神什么都说了，除了拒绝。

46

要不要接受彼此的改变？

> 如果朋友向你咨询如何做决定，你能提供的最安全稳妥的建议
> 就是"听从内心"。

从他们在门廊下的一吻之后，罗曼一直心神不安，心里空落
落的。这次经历使她变得很烦躁。这天在 Q 势公司吃午饭的时候，
她甚至和父亲发生了不愉快。让·菲利普看到她这几天忧心忡忡，
疲惫不堪的样子，忍不住提了不开的那一壶。

"是不是因为马西米兰？"

罗曼否认，这使她父亲很受伤。为了掩盖自己的失落，他故
意说：

"我知道了，你什么都不愿意跟我说了……我还以为我们无
话不谈。但这是你的选择。我不想强迫你……"

罗曼很气他打情感牌，忍不住爆发了，她反唇相讥：

"你到底想让我说什么，嗯？说我对他有好感？说我想和他约会，是吗？没错，我告诉你，我确实想！我还告诉你我没有这么做，如果你什么都想知道的话！这个解释你满意了？"

她一把抓起自己的东西，离开了咖啡厅，留下父亲待在那里，还没从她如此激烈的反应中回过神来。

显然，罗曼马上就后悔了。她一点也不想冲父亲发火，尤其是在她这么需要他的时候。她试着给他打了两次电话，但没人接，只有语音信箱开着。她讨厌冷战！所以当珍妮约她的时候，她感激不尽，珍妮好像很想和她聊聊，可能是因为帕特里克发给她的那封信。请求原谅的结果……这大概能让她换换心情？至少，她现在不再想马西米兰和父亲了！紧张的神经得以休憩一下……当她来到帕特里克前妻的家里，房子里飘着煎苹果的香气。

"非常感谢你能来。我真的需要和你聊聊这个。"

珍妮弹了弹她用冰箱贴贴在冰箱上的一封信，那个冰箱贴是她和丈夫（呃……前夫）去布鲁塞尔度周末的时候带回来的，那是他们近几年为数不多的旅行。

因为是不是前夫还是个问题，罗曼马上读出了潜台词。珍妮说她好多天都在脑子里翻来覆去地回忆整个过程。从心里讲，她觉得事情已经是过去式……但是这次去雄性症状课程让一切发生了天翻地覆的变化！

"你理解吗？我开始习惯没有男人的新生活了。我基本上已经对他死心了。但是你出现了，不可能好像变成了可能——我的丈夫变了。几个星期前我还不会为这种小概率事件赌一分钱。虽然，说实话，不管怎样，我想他。"

她摘下冰箱贴，把纸拿下来，递给罗曼让她读。

"给，请读一读！大声读。"

罗曼照做。

珍妮：

我的太阳，是你

对我而言，你是黑夜的星辰

你残忍的离开打开我的心智。

爱你，尊重你，我要把自己奉献。

永生不再相见吗？我无法做到……

不可能了吗，重新打开你的心扉，倘若我把它用鲜花装点？

变作爱情的园丁，这就是我余生所求……

你的帕特里克

另：一位名叫亨利·托洛的先生说过，万物不变，是人变了。我变了，珍妮。如果你给我第二次机会，我会向你证明……

罗曼看出珍妮情绪翻涌。当然，这首诗非常蹩脚，比喻用得很幼稚……但打动珍妮的是，他用心写了这些诗句，要知道他对写东西一直不怎么在行……

"你看到了，旁边这一行是'我对你爱永不变'！"

珍妮的眼睛闪着兴奋的光。罗曼则想起了上次上课教帕特里克藏头诗规则的情景，每句诗的第一个字连起来可以从上到下组成一句话。

"那么，你怎么看？"

"怎么看不取决于我……我只能说,帕特里克非常用心非常真诚地写了这封信。现在,换作我是你……"

"换作是你怎么样?"

"……我会听从内心。"

珍妮听了这个建议后,若有所思地走到窗边。罗曼保持沉默,让她安静思考。

"但是,罗曼,请你还是说说,把多年的雄性症状一扫而空,你觉得可能吗?"

罗曼可以说自己也在问同样的问题,但对象是另一个让她时时牵念的男人吗?她尽量坦诚地回答。

"亲爱的珍妮。我们不能扭着一个人的心意改变他。但如果这个人真的愿意改变自己,那就会取得惊人的效果。我真诚地希望你的丈夫可以做到……你的离开对他是一个非常大的打击,让他开始意识到很多东西。所以,我要说这是可能的——我认为你可以相信他。不会再像从前一样了。他很怕再次失去你。"

珍妮咧开嘴露出大大的笑容。她听到了自己想听的话。罗曼是时候消失了,她的任务完成了。走回车里的时候,她觉得珍妮真幸运,终于拨云见日了,不幸的是,她的前景仍然不容乐观……父亲仍然不回她的信息。

47

你嫉妒，说明你自卑了

嫉妒者的特性在于因别人窃取他们的幸福而憎恨别人。

马西米兰检视着衣橱，里面挂满各种最大牌的西装。今天，他希望自己格外出众。罗曼请所有学员参与"明日大厨"节目的录制。她无疑帮埃米莉的儿子托马斯找到了门路，让他参加了初选。这个男孩好像真的在厨艺方面颇有天赋。但罗曼也承认能够得到这次机会也不全因托马斯的才华。她手里的另一张牌是制片人卢卡·莫里尼，他是 Q 势公司的老学员，非常欣赏罗曼的事业，从未忘记要投桃报李。

最新消息是，埃米莉和她儿子在禅房重聚之后就又住到了一起，准备在全新的基础上构建新型关系。上次，马西米兰听到罗曼主动提出给埃米莉上一次私教课，让她在如何用年轻人的语言与儿子交流、如何与孩子相处方面入个门。马西米兰正收拾着，毛线球跑了过来。

"啊，你来了？"

从小猫挠了他父亲一爪子之后，马西米兰看它的眼神都不一样了。他感觉他们成了默契的同谋。他把一双卷成一团的袜子丢给它，饶有兴致地看它玩了一会儿。

有人在按门铃——猫保姆到了。马西米兰没费多大力气就让她成了长期保姆，像他这么大方的客户可不是天天都有。于是他放心地出发去了录制现场。

马西米兰很喜欢片场的气氛。那里总是闪烁着各种灯光，那场景让他觉得非常兴奋，和他所在的奢侈品世界有点像。至于摄像机背后跃动着的那个隐形世界——那么多人为了录制一个节目贡献力量是多么让人血脉偾张！

罗曼以及其他学员都已经在片场等待。一位助理去通知卢卡·莫里尼。他来找他们的时候直奔罗曼而去。

马西米兰突然觉得这位制片人面目可憎。他看到他的胳膊怎样环着罗曼，跟她拥抱，抱得热情洋溢不合时宜。

然后卢卡好像终于想起来罗曼不是一个人来的。于是他开始团团转了一圈和其他学员握手。马西米兰不情不愿地也伸了手，觉得卢卡开朗的笑脸都那么可恶。

罗曼高兴地迈着小碎步跟在她以前的学生身旁，穿过片场弯弯曲曲的路，听到每一个笑话都会配合地笑，一副很吃他那一套的样子。

马西米兰阴沉地看着这一幕，身后紧紧跟着娜塔莉。她就不能让他安安静静地待一会儿吗？他为自己这样的想法感到羞耻，同时很同情她。今天不是他的好日子，雄性症状像回形镖一样突然飞回来了……

"你好像情绪不太好。出什么事了？"她鼓起勇气问道。

"没什么……"他那副样子倒像在说"走开，见鬼去吧"。

马西米兰的头脑中又浮现出一条所到之处生灵涂炭的恶龙。他知道自己这样做不对，但他没法控制自己。他消化不了自己的愤怒和沮丧。尤其是，他害怕，害怕他最美的珍宝要飞走了，害怕罗曼不喜欢他……说到底，他值得被爱吗？他从来没有从母亲那里得到过爱。他以为童年的伤口已经愈合，但几天前开始，随着心脏不安的砰砰跳动，伤口又开始隐隐作痛。

学员们来到化妆间。托马斯正在任由一位专业化妆师的双手摆弄，他正在打粉底，这对录制来说是必不可少的，否则在镜头里会显得脸色发黄，男士也不例外。

托马斯一下子站起来，跟学员们打招呼。首先当然是托马斯的母亲，他们拥抱了一下。然后是其他人。卢卡·莫里尼拍了拍他的背。

"怎么样？不太紧张吧？还是紧张？哈，没事的。你就要入行了！哈，哈，哈！"

奸笑，奸笑，奸笑，马西米兰在心里咕哝。

而罗曼在跟他一起笑。真是不知所谓！她眼里只有这个制片人，简直让人受不了！她怎么可能看上他？想到这里，马西米兰冷汗直冒。但这是真的，这个男人不错！天之骄子，甚至可以说……而且他觉得女人好像很喜欢这种精心捯饬的时髦花白头发。

录制时间到了。红灯亮起。安静。开拍。

场工给参观者安排了椅子。马西米兰坐在黑暗里心烦意乱。他很想把罗曼拉到一边和自己坐在一起，告诉她，把一切都告诉她……但罗曼在身边留了一个空座位，卢卡·莫里尼忙不迭地就坐了过去。接下来的半个小时里，马西米兰感觉身在地狱一般。尤其是卢卡俯在罗曼的耳边说悄悄话的时候。他感觉罗曼的眼睛在黑暗中亮得过分。马西米兰在衬衣口袋里绞碎了一张纸巾。他被狠狠地刺激到了。

吃午饭的时候，剧组给学员们准备了早午餐。埃米莉的自豪溢于言表，她的儿子表现出众。餐厅里充满了欢声笑语。马西米兰坐在罗曼对面，罗曼坐在卢卡·莫里尼旁边。他们好像有说不完的话，这让马西米兰更觉得像吃了黄连。他现在浑身的负能量，决定摆出一副可憎的样子，给卢卡找找茬。他开始装作无辜地问一些关于他职业的问题，然后拐弯抹角地说如果制片人只能做"跟随者"，只能翻炒没什么新意的节目真是太可惜了。是缺乏胆量，还是缺乏创新意识？卢卡惊讶地挑起一条眉毛，不明白马西米兰为什么要这样针对他，但他不愿自贬身份和他打擂台，这让一心找事的马西米兰很是郁闷。

上甜点的时候，马西米兰站起来去咖啡机处取咖啡。罗曼马上跟过去。

"能说说你中什么邪了吗？"她气愤地说。

马西米兰耸耸肩膀没有接话，决定把这副人憎狗厌的形象保持到底。

"说实话，你这种态度让人忍无可忍！"罗曼继续说。

"你的态度也不遑多让……"马西米兰忿忿地嘟囔。

"什么，我的态度怎么了？等等，我恐怕明白了……别告诉我说你不满的是我和卢卡的'友谊'！"

他向她转过身来，直直盯着她的眼睛。

"可能就是这样！"

罗曼怒不可遏。

"那么我觉得你最好不要继续待在这里。"

马西米兰一副震惊的模样，放下咖啡杯，突然转身，一眼也不多看。

让他们见鬼去吧，她和这个该死的衣冠楚楚的肉馅卷！马西米兰冲向出口，手在口袋里紧紧纂成拳头，抑制怒火。他不小心撞上了对面走过来的一位先生。是帕特里克，他满面红光。

"你还好吗，马西米兰？"

他像对一个朋友那样微笑着，充满情谊。世界真是颠倒了。

"我得走了。你好像很开心。"

"是珍妮，"帕特里克高兴地说，"她同意见我了！她约了我！"

"我真为你高兴……"

世事无常啊！悲伤小丑遇到了快乐小丑。马西米兰逃离了摄影棚，满心悲伤，感觉自己真的变成了那个流浪汉小丑，在情感之路上漫无目的地游荡。

48

当我们都表达脆弱时

我没有想象的坚强，却找不到让懦弱休息的地方。

罗曼刚刚告别卢卡·莫里尼，卢卡跟她说他们要常常见面，而且这一天过得很愉快。他在的时候罗曼一直掩饰着自己的真实情绪，对马西米兰的失望、伤心、愤怒纠缠在一起。她走在路上，想透透气，让脑子清醒一点，边走边忍不住不停地想：难道她想错了？他的雄性症状不可救药？嫉妒、占有欲、走极端，这难道是她喜欢的男人形象？必须搞明白的是，她对他有感觉，不管她愿不愿意承认。今天，马西米兰真的让她又生气又失望。但不管怎么样，他都在她的脑子里挥之不去。尤其不幸的是，他偷去的吻使她一直晕晕乎乎的。道德的盾牌又能坚持多久呢？如果他再次示爱她能抵住诱惑吗？

事实是，她觉得自己被两种感情拉扯着，一种是她对他的好感，另一种是原因不同的恐惧，害怕如此强烈的感情，害怕被迷惑，害怕失望，害怕再次遭受痛苦……害怕，害怕，害怕，害怕。她唯一的念头就是给父亲打电话。她需要他，需要他的建议，需要他的支持。她祈祷父亲不要继续和她冷战了。

让·菲利普很快就同意见她，她一分钟都没耽搁地赶往父亲家。当父亲打开门，她激动地投入了他的怀抱。他让她舒服地坐好，端上一盘点心，然后她说起了自己的遭遇，说马西米兰的嫉妒多么让她失望，她怀疑他们有没有可能开始一段恋情。她讲了很久，让·菲利普一直听着，他很高兴女儿终于再次和自己说起了知心话。他甚至说起了自己以前的雄性症状。

"你还记得你妈妈在的时候我也经常嫉妒吗？嫉妒是毒药。但从某种程度上讲，这也意味着他在乎你……而且长期来看，在你的帮助下，再加上他自己的努力，他在这方面取得进步也不是不可能……"

父亲对他们恋情的看法也在改变吧？这正是罗曼所希望的。父亲的话帮她拨开了怀疑的阴云，重见蓝天，心里再次乐观起来。她回到家的时候心情已经平复下来了。第二天，睡了个大懒觉后，罗曼就宅在家里无所事事，她已经很久没有如此清闲了。黄昏时分，她正准备看场电影，突然听到了门铃响。她打开门，看到一个纸壳脑袋的人。哦，不。纸盒分开了，露出一张红色的圆脸膛，这是一位气喘吁吁的送货员。

"您这儿的电梯坏了。"

"啊……"

"您是罗曼·加德纳女士吗？"

"是的，是我。"

"拿着，这是您的。请在这里签字。"

罗曼签字的时候就在想盒子里到底是什么。谢过送货员，给过小费，她赶快把盒子搬到桌子上。她很期待，找了一把剪刀，划开密封纸盒的胶带，打开盒子。首先看到的就是一个白色的信封，她马上就打开了。是马西米兰。她的心在胸腔里猛地跳了一下。

为我昨天糟糕的雄性症状爆发道歉（我发誓，以后再也不会了），还因为你也是花中的一朵……马·沃

罗曼微笑起来，非常感动，虽然嘴上不愿意承认。她的手微微颤抖着拿掉了上面盖着的包花纸，看到下面的花，那是一盆兰花。她幸福地把手伸到花盆底部想把花盆搬出来，突然她感觉有什么东西在顺着小臂爬。她尖叫着猛地抽出手臂，把整株植物带倒了！一只可怕的黑色小虫子——她觉得是蟑螂，像耀武扬威的侵略者，攀登着她的胳膊。完全出于自卫，罗曼猛地甩掉它，并且发出了第二声歇斯底里的喊叫。她颤抖着后退了两步，努力收拾起崩溃的精神。她的心脏像个声呐似的搏动着，贴着墙迈着小碎步慢慢移动，像是在敌区扫雷。她悄悄地脱掉右脚的鞋。拿着这个武器，像个星际作战员，强作镇定、蹑手蹑脚靠近污染区域。包裹开膛破肚，土壤像炮弹碎片般四散开来，纸盒是一片废墟，上面躺着兰花的尸体。那边，在陶瓷花盆后面，敌人出现了！5个虫子怪，被恐惧无限

放大，向她推进，形成包围之势！Mayday,mayday[①]！罗曼发出一声不可抑制的尖叫，作为武器的平底鞋被丢在了敌营，落荒而逃，紧闭城门——卧室门。她颤抖着，一阵阵犯恶心，她意识到一个显而易见的事实——她无法做一个客厅灭虫员……她试着平复紊乱的呼吸，想着自己不可能打赢这场战役，坐到床上试图思考。

看吧，罗曼！是马西米兰给你送的这些花。他得给你个解释！

她拿起听筒，颤抖着声音给他打电话。

"我是罗曼……"她艰难地说道。

"怎么了，罗曼？有什么不对吗？你有没有……有没有收到我的花？"商人鼓起勇气问道。

"收……收到了！刚……刚刚收到！我刚打开包裹然后……然后……里面有蟑——螂！"罗曼几乎在吼。

"什么？我不明白！怎么回事？"

"我……我……有蟑螂恐惧症！"

"罗曼？"

"啥——？"

"别动，我来了。"

马西米兰进门的时候发现她还在发抖。他马上接手了现场。一场战斗过后，她打翻了包裹和里面精致的兰花花盆，地上撒得到处都是土，马西米兰很快就发现了聚在一起的虫子。

"上去吧。"他让罗曼爬上沙发，这样她就不会跟虫子正面交锋了。

---

① 国际通用的无线电通话遇难求救信号。

就像客厅里的兰博^①，马西米兰从厨房里找出一把铲子和一个大垃圾袋，把不速之客的尸首丢进去。他做了个搞笑的鬼脸，罗曼觉得他可能也在强忍着恶心，但还是为她去做了。他三下五除二跑下楼丢掉装了虫子的袋子。回来的时候，他赶快去洗了手，走到仍然蹲在沙发上的罗曼旁边。

"怎么样？好点了吗？"

罗曼缓缓点了点头，并没有完全平复心情。

"我到处看一看，找找别的地方还有没有，可以吗？"

"谢……谢谢……"

罗曼于是看到了马西米兰耍杂技似的到处乱窜，一会儿跪下，一会儿四脚着地，把每一个角落都看过，每一个家具下面，靠垫后面都看过，要剿灭漏网之虫。他杀死最后一只虫子的时候，她跳起来吓得发抖。

"好了，没了。"

他大概觉得需要压压惊，于是走进厨房，找出两个高脚杯，还在酒架上拿了一瓶圣埃米利翁酒。

罗曼终于从赖以生存的沙发上下来了，像在等救世主一样等着他。

"拿着，喝点吧，喝完会好受点。"

他们坐在圆桌旁边，小口喝着深色酒裙的仙酿。罗曼脸上恢复了血色，精神镇定下来，意识到了当前的情形——马西米兰在她家，离她不到一臂距离。她把酒杯当作盾牌举在鼻子前面，隔

---

① 《第一滴血》的主人公，在丛林里杀死了很多追捕他的人。

着这座玻璃城墙去看他，试着无视空气中弥漫的欲望分子。

"我在想这是怎么回事，"马西米兰小心翼翼起了话头，却明显醉翁之意不在酒，"我得给花店打个电话。简直难以相信……我是想为昨天的行为道歉的！全搞砸了……"

"是的！哦，不……没有搞砸……我很……高兴。"

但一想到他昨天的行为，罗曼就被点着了。为了中止目光接触，她一下子站起来，在屋子里踱步。她得亮出底牌，一码归一码，不能让他以为把她从虫子堆中解救出来，昨天的事情就一笔勾销了。

"听着，马西米兰，我很感谢你能过来帮我处理这些肮脏的虫子。但这不能抵消其他事情……你昨天的行为真的让我……很受伤！"

"我知道，但是我……"

他站起来想要解释。

"请坐下！"她用不容置辩的口吻命令道，"不，我觉得你不知道！这才是问题所在。你没有意识到你的所作所为会产生怎样的效果，看到一个欣赏的人（她小心地选择了这个词，觉得自己真是深谙委婉之道），看到一个欣赏的人……"她又重复了一遍，"突然间表现得像一个最粗鄙的大男子主义者是怎样的感觉！"

"我其实知道……"

"让我说完！"她再次命令道。

马西米兰的脸色有些发白。他大概不习惯别人用这种语气跟他说话。她准备好迎战他的反抗，但他什么也没做。她接着说：

"从那个了不起的晚上开始，就是我们从诺曼底回来那一天，你……呃，我们……"

"……亲吻了彼此。"

"是的!"她突然暴怒,"你想的一定是要征服我,就像你对你感兴趣的其他女人那样,你以为可以动动手指轻而易举……"

"不是的,根本不是这样的……"

马西米兰重新站起来走近她,靠得非常近。罗曼的眼睛像在发射闪电,她推了他一下。

"停!你散发魅力的小伎俩在我身上不起作用!"

"什么散发魅力的小伎俩,罗曼?"他也开始生气了。

她要说出这几天一直想说的话吗?要说,不管了,必须说……

"你以为我不知道你是个惯会勾引女人的?你以为我不知道你和娜塔莉的那些小把戏,还有其他各种小心思?"

"什么!我真不敢相信!"

这下轮到马西米兰被彻底激怒了。他大步在窗户和桌子之间踱来踱去。罗曼微微颤抖,害怕自己做得过分了。马西米兰对她发起火来。

"你给我难堪就是因为我昨天嫉妒你那个什么制片人,但是,罗曼,听我说!你今天又在干什么,嗯?"

"这跟嫉妒没关系!"她几乎在吼了。

"啊是吗,区别在哪里?"

他们现在脸对着脸,都因为愤怒而身子前倾,像拉满的弓。

罗曼拿出勇气,把真相向他砸过去。

"区别就是,我不想只是成为你名单里的下一个征服对象!"

这话让马西米兰心里涌起柔情,但他的身体还是保持绷紧的状态。他静了一下才说:

"这件事不会发生的。"

"啊，那这是为什么呢？"

他又冲她逼近了一步，然后抓住她的肩膀把她拉向自己。

"你明明知道为什么。"

她从他的眼神中看到毋庸置疑的答案，身子微微颤抖着。她想逃跑，但是他不给她机会。他抱住她吻她，她别无选择，只能任由他这样做。接触到他湿润或者说灼热的嘴唇那一刻，她丢盔弃甲再无招架之力。他应该是感觉到了她的顺从，更贪婪地吻她。天啊！他是怎么在两分钟之内就让她走到这个地步的？他们的呼吸交融在一起的时候，她想到了"销魂"这个词。罗曼对马西米兰这种既坚决又细腻的抚摸感到吃惊。他的手异乎寻常的温柔，在她身上滑动，好像想通过抚摸把她重新塑造一个形状。她在他紧紧的桎梏下微微颤抖，这让他更加大胆。他们开始在客厅里像跳华尔兹般旋转，一直转进了卧室。罗曼感到自己的精神被包裹在一片甜蜜的浓雾中，她完全屈服了，沉沦在感觉的漩涡里，任由他们的身体讲述美妙的故事。

49

不是你的不要抢

嫉妒是人性，不因嫉妒而失态乃至报复则是修养，我们无法压抑人性，但可以做到有教养。

马西米兰很早就来到了办公室，连着几个小时都没有离开电脑，他要把几天以来落下的工作补回来。他按下了内部电话通话键，叫克莱芒丝过来，她立刻就出现了。

"怎么了，沃格先生？"

"克莱芒丝，我中午吃饭的时候要去橙水诊所看我妹妹，我想给她带点小东西。您有没有时间帮我找一个可以送的礼物？"

"您有什么要求吗？"

"您全权负责。我相信您。"

马西米兰朝她微笑了一下，他对今天早上遇到的每个人都是这样微笑的，是那种心满意足的微笑。然后他又埋头进自己的文件里了。他想到了罗曼，今天早上他离开的时候，她还在睡着，美丽、极致、卓然，像裹在床单里的珍奇首饰……事实是，此时，罗曼的样子不是一闪而过，他满脑子都是罗曼，如果他想让工作有点进展，他得想办法集中注意力！

还有一件事也不能拖了，他要去三楼看看工程进度如何。他正在那里修一间酒吧休息室，让员工有一个放松的地方。从几个星期前开始，得益于 Q 势公司的课程，他开始关心公司的人文环境，变着花样想让每个人都在工作中感觉更舒适、更开心，不那么疲惫和紧张。这当然是提高绩效的诀窍之一，但仅仅是之一……马西米兰也意识到打造成功团队的重中之重是要让员工有归属感，让他们感觉所有人都在一条船上。当然这条船不能像个让苦役犯划桨的双桅战船，必须是人人志得意满的武装商船！

酒吧休息室已经初具雏形，看起来挺漂亮。马西米兰很满意。"失重"按摩椅已经送过来了，坐在上面会处于零重力状态，还有按摩功能，这样的座椅可以赶走日积月累的疲惫。马西米兰毫不怀疑指压按摩床也会非常受欢迎！它们在同类产品中出类拔萃，上面铺了玉石，外加红外发热设备。国际美妆集团的员工从今往后还能享受"禅积分"福利，可以在午饭时间使用，每月配额两小时。

马西米兰对这些进步很满意，他对工头表示了赞许，然后上楼回办公室，克莱芒丝已经拿着给他妹妹的礼物等在了那里。

"谢谢您，克莱芒丝，您办事真利落！"他露出一个大大的微笑，说道，注意应用了罗曼教的及时表示感谢的原则。"对了，您能不能在旅程餐厅预订两个人的座位？今晚去。"

他的助理好像停顿了一下，然后表示同意。

"很好，谢谢。"

克莱芒丝离开了房间，用奇怪的眼神看了他一眼。马西米兰注意到了，但很快又埋头于工作。

当他到达诊所的时候，发现朱莉已经好多了。他的妹妹重新恢复了活力，再过八天就可以出院了。他亲热地拥抱了她。

"你感觉怎么样？"

"好多了。见到你我好开心！"

"我也是！"

"那个，前段时间我对你态度很不好，对不起啊……"

"别这么说……"

"不，我是认真的。是我不分青红皂白，把我的愤怒和恐惧都发泄在了你身上……说到底，我时运不济和你没有半点关系！"

"过去的都过去了。重要的是你以后要做的事。你非常有天赋！我敢肯定你很快就可以东山再起……别担心。别着急，慢慢振作起来，再好好想想以后的规划，想想如何把日子过好。你需要的话我随时可以帮你。我觉得这次最让你受打击的是和瓦尔特分手……原谅我，但我得说我一直不太信任他。"

"我自己也应该更小心一点的！这几个月他一句实话都没有。事实上，他从未认真对待我……他居然为了那个什么都不懂的小姐抛弃了我！"

"他根本配不上你。你等着看吧，你会找到属于你的另一半的！你会找到一个因为你本来的样子而爱你的人。"

朱莉仔细看着哥哥的脸，问了他一个大胆的问题。

"那你呢？你的爱情呢？我看罗曼对你很有些意思……"

"你为什么这么说？"

"哦，你知道吗，上次他来看我的时候……有些迹象是掩盖不住的！她跟你说话时的眼神，她绯红的脸颊……"

"啊……"

有什么事能瞒得了双胞胎妹妹呢？马西米兰笑得像一个承认初恋的初中生。

"没错，我们最近是走得挺近的……"

"马西米兰！少装蒜！"

朱莉拿他纯情的恋爱打趣他。马西米兰为兄妹之间这种重新找到的温柔情谊感到高兴。他们又东拉西扯地聊了会儿天，马西米兰离开的时间就到了。

"无论你需要什么都给我打电话，好吗？"

妹妹表示同意，马西米兰很高兴她终于接受他的帮助了。

走到门口的时候，他把头探进门洞又说了一次。

"……无论需要什么都可以哦。"

这个小动作让妹妹笑出了声。马西米兰回到车里的时候心情轻松多了。他接下来要和让·菲利普在 Q 势公司见面。时间不会很长，他同意帮他处理一份麻烦的文件，还希望自己能在他心中加分，因为他看得出来，在诺曼底过周末那次让·菲利普对他是持保留意见的。有这样一个女儿，哪个父亲没有保护欲呢？

马西米兰敲了敲会议室的门，让·菲利普的声音传来，请他进去。他看到他正专注地看着大桌子上摊开的一堆纸。

"看来我来得正好呀！"马西米兰半开玩笑地说。

让·菲利普好像确实为这样一个意想不到的助力的到来松了

一口气。两个男人头也没抬地工作了一个半小时。马西米兰自认为帮到了点子上。正要告辞的时候，让·菲利普叫住了他。

"马西米兰，我的女儿……"

马西米兰从语气判断接下来的对话将会涉及更私人的问题。

"嗯？"

"你挺喜欢她的吧，我觉得？"

马西米兰有点发愣。他觉得自己行事还挺小心的。

"是的。"

"我不太放心，我只想说一件事……"

"洗耳恭听……"

"不要玩弄她。"

"我从未这样想过。"

"我也希望是这样。"

让·菲利普把他送到门口，友好地把手放在他背上。

"谢谢您的帮助……别忘了！好好对待我的女儿，不然，小心了！如果把我好久没有发作的雄性症状引出来就太可惜了……"

暗示得再明显不过了。马西米兰牢牢记下。

他回到车里，仍然因为让·菲利普的话有些心神不定。虽说他和罗曼的恋情才刚刚开始，但他已经感觉到这一次非比寻常。

他发动了车子，颇费了一番力气才开出车位——一辆奔驰车贴得太近了。他开出几米就发现不太对劲，车子向一侧歪。而且发出的声音多奇怪啊！他尽快停了车，下车查看出了什么问题。检查轮胎的时候，他发现一个轮胎瘪了。来得真是时候！他打电话给保险公司，让他们派一个修理工过来，然后又给克莱芒丝打电话想告诉她自己开会要迟到一点。奇怪。助理居然没有接电话。

他又打她的手机。她向他道歉说，她得去药店买药，她有点不舒服。他安慰说，她可以早点回家，没关系的。挂电话的时候，他发现自己正在成为自己喜欢的那种老板。他又给私人司机打了电话，然后回到了美妆公司。这一天结束的时候，他接到了修理工的电话。

"沃格先生？我就是想告诉您一下，您的车明天可以修好。但是我们换了一个轮胎。以前那个补不了了……"

"怎么会这样？"

"被人用刀戳破了。简直不可原谅。"

"什么？难以置信，我不明白为什么……"

"哦，您知道……破坏艺术，现在经常有……"

马西米兰挂上电话，神游了一会儿。倒霉，他想道。大概这是轮到他了。毕竟，他最近谈了恋爱，正春风得意，可能冥冥之中需要为这样的好运付出点代价吧！他赶紧再次进入工作状态，因为今天晚上，他准备和罗曼共进晚餐。他觉得那是个完美的约会地点——旅程餐厅，一家概念新颖的餐厅，那里的厨师把带有各种精妙香气的花瓣入菜，装盘简直像画作，一场色彩和精巧工艺的狂欢……商人希望能让罗曼开心，这样色香味俱全的大餐应该足以挑逗他们的感官，两人在一起就是要有这样的氛围……

他正好 20：30 到达饭店。罗曼已经在那里等他了。他们深情地拥抱，一个淘气的路人对他们说了句："你们好吗，情侣们？"

抬眼看他的时候，马西米兰无意中瞥见马路对面停着的一辆车里一个奇怪的身影。但仔细看时，车窗玻璃里驾驶室内并没有人。可能只是眼花了……

50

课程即将结束

在心里创造一个内心教练，让你听到内心的正能量声音，换个角度看问题。

课程快要结束了，快到 5 位学员做总结的时候了。罗曼准备了一个不可思议的仪式——雄性症状生活的葬礼！这将是一个盛大的闭幕式。她的小组选择了一个神奇的地方作为活动地点，在蒙马特地区中心地带的一个三层小楼，小楼安着巨大的落地窗，视野开阔，整个巴黎一览无余。这栋艺术性超新潮小楼可以营造出一种节日般的氛围，罗曼希望他们在那里度过难忘的一天……

准备工作做得不错。鉴于课程还没有结束，罗曼要求马西米兰向其他学员保密他们的关系。自从他们迈出了这一步，罗曼经历了很多矛盾的情感变化：欣喜、激动，但也有怀疑和担心……她可怜的大脑像一个积极情绪和消极情绪无情交战的战场。为什么会有这么多内心冲突？她很生自己的气。我应该像浮在彩云之上一样，句号！而不是像这样，脑袋里充满各种各样的问题。太多的问题。这么快就投入他的怀抱是不是个错误？这次恋情会不会只是昙花一现，对马西米兰来说，这会不会只是一次随随便便稍纵即逝的爱情？她能在他的生命中占得一席之地，而不仅仅是他日程表上空白处的注脚吗？

这几天，罗曼惊讶地发现自己在观察马西米兰的一举一动。他看 Q 势公司那个漂亮助理芳汀的眼神，还有娜塔莉，他俩好得就差拜把子了。她感觉有时候转瞬即逝的嫉妒就像在她的心上揪了一下。她，就这样向雄性症状倾向妥协了吗？不可接受！得赶快调整自己。罗曼知道方法，她需要立刻雇佣一个内心的教练，让自己的思维回到正轨。

她管他叫杰米尼，就是匹诺曹那个既善良又睿智的伴侣——杰米尼·克里盖^①，她还是个小女孩的时候就非常喜欢这个故事。她每天都要叨扰这个新教练好几次，让他帮她看得更明白，平复她的恐惧，这已经形成了习惯。

结果就是，她有时会进行奇怪的内心对话：

"罗曼：杰米尼！如果他喜欢上别的女人怎么办？

"杰米尼：有信心点，小罗曼！这是不可能的，只要你做自己，他喜欢的是你这样的姑娘——总是微笑、大方、充满活力……我跟你说了多少遍了，这些消极想法就像心灵毒药，会让你的爱情中毒的！

---

① 在迪士尼动画里是一只蟋蟀的名字。

"罗曼（泫然欲泣）：杰米尼，那怎么办？

"杰米尼（非常和蔼地）：我的罗曼，为什么不像哼小调似的重复一些话，比如'我有自信，我相信我们的爱情。我坦然迎接将来的事情。我要乐观地……'

"罗曼（钻牛角尖地陷在消极情绪里）：但是如果我很无趣怎么办？如果我不能胜任怎么办？

"杰米尼（不赞同地弹了下舌头）：嘘，嘘，嘘，美丽的罗曼。不要像卡里梅罗[①]那样！在恋爱中，没有人要求你胜任什么。只要你忠实于你自己的样子，敢于让另一个人进入你的泡泡……剩下的事就顺其自然了。

"罗曼（仍然无法释怀）：说起来容易，杰米尼！我怕我不能全身而退……如果他背叛了我，我真不知道会怎么样……

"杰米尼（温柔而坚定）：把你的坏唱片停掉，罗曼！你知道伴侣之间是不能隔着恐惧的……自信一点，坚强一点，一切都会好起来的。就从温柔对待自己开始。看着镜子，把手放在心口，对自己重复说：'我爱自己，我与自己和解，我不去管那些害怕和怀疑……'你会看到效果的……

"罗曼（心情逐渐放晴）：好的，杰米尼，谢谢你，你真是个天使……

"杰米尼：呃，不完全是，不，我只是一只蟋蟀，你知道的！"

"你在跟谁说话？"让·菲利普进了厨房，罗曼正在这里开峰会。

---

① 意大利动画里一只愁眉苦脸的黑色小鸡。

"呃，没有啊，爸爸，没有……"

"罗曼：嘘，杰米尼，快走开！别人听到会以为我疯了的！

"杰米尼：蛐蛐，蛐蛐，蛐蛐。"这在蟋蟀语里是同意的意思。

日子就这样一天天过去，每一天，罗曼和马西米兰的故事都会有新的进展。有时，她任由自己被卷进情感的漩涡，每天都会有新的体验——马西米兰擅长制造惊喜。而另一些时候，在漩涡里转得头晕眼花，她就会踩下急刹车。

51

"雄性症状生活"葬礼

从前种种，譬如昨日死；从后种种，譬如今日生；此义理再生之身。

雄性症状生活葬礼的那一晚到了。

每个人都在电话中给了肯定的回答，罗曼很高兴。她的小组人齐了，这是肯定的。还有那些多多少少参与过课程的人——埃米莉的儿子托马斯，帕特里克的妻子珍妮，还有马西米兰的助手克莱芒丝。

为了这个场合，每个人都盛装出席。罗曼选择了覆盆子色的丝裙，用一条珊瑚色的平纹细布腰带收腰，非常合身，简直像她的第二层皮肤一样。她希望马西米兰能为她倾倒。

然而，马西米兰看到她的时候，只勉强说了晚上好，然后就躲到吧台边去了。

"罗曼：救命，杰米尼！他完全无视我！

"杰米尼：镇定点，罗曼！难道不是你让他对你们的关系保密的吗？"

没错，当她与商人热烈的目光交错的时候，她就明白自己不应该担心的。呼！但是她这口气还没松完，就看到了克莱芒丝。她走近马西米兰，穿着一条华丽的黑色紧身裙。她和马西米兰行了贴面礼！罗曼看得目瞪口呆。贴面，和自己的老板！马西米兰接着拉了克莱芒丝的手，从头到脚地打量她。罗曼读出的唇语像是"您真是光彩照人……"。她的快乐眨眼间就消失得无影无踪。她几乎听不见客人跟她问好。

罗曼觉得有必要去洗手间一个人待一会儿。当着这么多人可不能失控！突然，她对这次晚会充满了恐惧！如果她和马西米兰单独待在一起，就不会有这么多漂亮女人争奇斗艳地勾引他了！罗曼看着镜子里的自己，可惜地发现妆都花了，泪水盈眶。

"嘿，哦！我的罗曼！振作起来！"杰米尼在罗曼的脑子里竭尽全力地喊着，但罗曼打算装没听见。

"罗曼：闭嘴，杰米尼！让我安静一会儿……反正已经毁了……

"杰米尼：我要生气了！你快别瞎说八道了！你很惊艳，看看你。是的，来，看看这该死的镜子！"

罗曼重新抬起眼皮，看着镜子，承认这套衣服凸显出了她所有的优点。

"他喜欢的是你！杰米尼强调。牢牢地记住这一点。只有一个人在破坏着这一切……那就是你！"

罗曼响亮地抽了抽鼻子。有人出现在了洗手间。哦不，不要是她！克莱芒丝站在那里，光彩照人，她的美丽和闲适显得那么咄咄逼人。罗曼骄傲地挺起胸膛，试图说些场面话。

"哦，罗曼！您还好吗？"

没必要装亲切，我的美人儿。你这点小伎俩还骗不了我……

"哦，是的，挺好，克莱芒丝，谢谢。"

"嗬。您看起来有点累……组织这样的活动一定让你筋疲力尽了！"

罗曼没有理会这样的挑衅。

"没错，是这样。但是一切都很好，克莱芒丝。待会儿见。玩得开心……"

为什么她要把这个女人当作敌人呢？罗曼深恨自己这样不理智的反应……

但是，当马西米兰终于向她走过来咬着耳朵赞美她的时候，她淡淡地，毫无热情地感谢了他，这好像激怒了他。他突然离开她身边，走到娜塔莉的那一小撮人里，娜塔莉放肆地笑着，几乎要张开双臂迎接他了。这很明显。

杰米尼呼唤着罗曼让她恢复理性，她要主持整个晚会。她是这次仪式的女主人，她得扮演好这个角色！

罗曼定了定神，重新召唤出正能量，然后用刀敲着香槟杯提醒客人注意。

"晚上好，谢谢大家来到这里！看到你们一路走到这里，直到参加这次闭幕，我非常激动。请允许我说，你们让我非常骄傲！你们在不到几个月的时间里完成了不可思议的转变。你们勇敢坚定地发现自己的问题、改善自己的问题，而大多数人则不愿意做出任何努力……我认为我现在可以说你们已经彻底扭断了雄性症状的脖子!"

所有人都在鼓掌,很明显被这样真诚的赞美打动了。

罗曼抬手示意大家安静。

"下面,我将很荣幸地为大家颁发结业证书,还有这个小小的纪念礼品……"

准备好的惊喜被盖在黑布下面。罗曼静止了一会儿,制造气氛,然后猛地扯掉黑布。所有人都凑过去想看个究竟。

他们看到的是在一个个小小的发光的底座上,放着每个人的三维肖像,肖像被封在透明的树脂里。这些小礼品非常引人注目!学员们都对这个新颖的创意感到异常兴奋。他们热烈的反应让罗曼的心里暖洋洋的,也让她一下子充满了活力。

"为了让大家不要忘记以前那个有雄性症状的你,那个走了弯路的你现在已经被封在树脂里了,意味着你们学会了控制雄性症状。我希望这个小东西能让你们记住你们走过的路,还有我们一起度过的时光……"

"不会忘记的,罗曼!"

"谢谢你,罗曼!"

"太棒了!"

全场响起掌声。

学员们的感激和赞同终于让罗曼满心欢喜,她微笑着点到每一个学员的名字,请他们上前去领证书和他们的小雕像。每个人走过来时都非常激动。埃米莉抱着她抹眼泪。帕特里克好像喉咙里塞了棉花球。从来都很矜持的布吕诺向罗曼伸出手去,出人意料地在她脸颊上印上两个响亮的吻。娜塔莉也热情地表示了感谢。终于轮到马西米兰了。晚会开始时的小小不快好像已经被抛在脑后。他深深望进她的眼睛，双目含情。

"谢谢你，罗曼。你……改变了我的人生。"

周围没有人看到对这句话的回应。他在她右边脸颊吻了一下。她也用同样深情的目光注视着他。还有必要说她也有同感吗？罗曼和父亲的目光相遇了。他好像非常感动。既难过又高兴。他是不是害怕父女之间的关系会因为马西米兰的出现而发生改变？也许吧。回去要安慰他一下，让他放心……

这个时候，帕特里克带头叫了一声"咿噗咿噗咿噗呜哈"给罗曼叫好，然后是一声"哦拉"表示对她工作的肯定。罗曼没看见马西米兰，她担心了一会儿，但他很快就出现了，手臂里抱了一个大盒子。学员们一定要送这个给予了他们这么大帮助的人一份礼物。罗曼很感动，迫不及待地打开了盒子，发现里面是一尊精美的水晶雕塑。雕的是一个女人伴着鸟儿在飞。罗曼欣喜非常，感谢了大家，拥抱了每一个人。让·菲利普悄悄给服务生打了个手势，让他们把香槟端上来，祝酒的时间到了。罗曼非常喜欢香槟里面细细的气泡，喝了一大口。有人叫她去合影留念，她把杯子放到身后的吧台上。她回来拿酒杯的时候，克莱芒丝面带能让人化成春水的微笑把杯子递给她。"加油，友善一点！这个姑娘很可爱！"杰米尼悄声说。罗曼逼着自己和克莱芒丝说了几句，尽量不对她过分风骚的低胸裙做鬼脸。她有点神经质地三大口就喝完了一杯酒……真是百感交集！

服务生现在端上了放着美味吐司的托盘。大家愉快地聊着天，房间里流动着精心挑选的舒缓音乐，营造出惬意的气氛。

罗曼在人群之间穿梭，努力抑制泛上来的恶心。她赖在马西米兰旁边不肯走，娜塔莉正缠着他。多气人啊！显然，这样一来她就不能和他互相表达爱意了！马西米兰丢给她一个明确表达爱意的眼神，这让她得到了些安慰。虽然有暴露的危险，但这种感觉太棒了！罗曼多想立刻拥抱他啊，但她的动作却是死死抓住他的胳膊，因为她肚子里猛地绞痛了一下。他皱起眉，担心地看着她。

"怎么样，罗曼？你脸色苍白。"

"还好，还好。"罗曼连自己都不太相信地回答道。她现在感觉双腿像棉花一样，软绵绵的，她四肢开始颤抖。

"我……我马上回来。"她声音发颤。

罗曼突然觉得恶心，她用手捂住嘴巴向卫生间跑去。但她没能走到卫生间。

马西米兰在走廊发现了她。

有人关掉了音乐，气氛陡然走向了另一个极端。

52

凡事多留个心眼

掩盖的事，没有不露出来的;隐藏的事，没有不被人知道的。

马西米兰整晚都守在罗曼的床边，最后支撑不住睡着了。第二天他仍然陪着她细心照料。午饭的时候他点了一个熟悉的外卖，清淡的汤香气飘飘，很好地抚慰了可怜的罗曼翻江倒海的肠胃。让·菲利普下午来看女儿。马西米兰终于有时间离开一会儿，他得去办公室把紧急文件处理完。他安心地离开，罗曼被交给了可靠的人。再说他很快就能回来。

马西米兰在美妆公司停车场停好车，然后微笑着奔进电梯。悦耳的提示声表明，办公室所在的楼层到了。门开了，眼前是空无一人的办公室。现在是周六。马西米兰到处找那份需要他处理的文件。找不到。他焦急地咕哝着一个个打开抽屉，但怎么都找不到。他忍不住抱怨克莱芒丝。

"她把文件放哪儿去了？"

他挺喜欢克莱芒丝，但有时，她过分热心，会自作主张做一些他不喜欢的事，尤其是对于物品摆放。

她可能放到她的办公室去了？马西米兰想着，走进了旁边的办公室。他一份份查看了整齐摆放在克莱芒丝桌子上的文件。没有。他又打开了抽屉。还是没有。但是其中一个抽屉是锁住的。而且，鉴于他要找的是一份机密文件，他觉得她有可能出于谨慎把文件锁进去了。没错，肯定是这样。他得打开抽屉……马西米兰想起来自己看过克莱芒丝把钥匙放在一个笔筒里。碰碰运气？他没抱多大希望，但当他把笔筒倒过来，果真找到了钥匙，他舒了一口气。

他快速地打开抽屉，开始在里面乱翻。他确实看到了机密文件专属的黄色文件夹，但上面堆满了乱七八糟的东西。铅笔、曲别针、一瓶加拿大血根草，马克笔……

加拿大血根草？多奇怪的名字呀……这是什么东西呢？马西米兰心里起了疑问。然后他拿开那些东西，终于拿到了要找的文件。他松了一口气，把东西归位。放回小钥匙的时候，他为擅自翻了克莱芒丝的东西内疚了一下。他希望自己坦白的时候她不要生气。不过说到底，她也没必要知道吧？

马西米兰坐回自己的桌边，回复了跟机密文件有关的紧急电子邮件。敲击键盘的时候，那一小瓶加拿大血根草又出现在了他的脑海里。那是什么呢？出于好奇，他在浏览器里输入了名字，几页搜索结果出现了。第一个标题就是"如何催吐"，他快速浏览了一遍。为什么克莱芒丝要催吐呢？难道她向自己隐藏了暴食症？穿着紧身黑裙的克莱芒丝的形象进入他的脑海，然后是那天晚上呕吐的罗曼。一个可怕的想法出现了。不……这不可能。他肯定是搞错了……他想把这个想法赶走，重新专注于文件，但他做不到。他需要心里有底。他决定打电话给克莱芒丝。

"您好，克莱芒丝。很抱歉周末打扰您。只是有一件紧急公务……我需要春城的那份文件，但是我找不到。您能来办公室一趟吗？如果您需要，可以周一早上晚来。"

"没问题，沃格先生。我反正没什么特别的事。我一个小时内到……"

她多积极啊！职业精神还是……？马西米兰挂电话的时候把手插进了头发，他被矛盾的感情折磨着。克莱芒丝难道不是一直是模范助理吗？他是不是应该为怀疑她会做这种龌龊的事情而感到羞耻？他需要搞清楚这件事，但一想到要和她对质，他的掌心都湿了。

他小心地把文件放回克莱芒丝的抽屉，再快速用钥匙锁好。他知道她到的时候，会去那里找文件，他会在那个时候若无其事地问她关于那瓶药的问题，看看她的反应……

时间一分一秒地过去，他也越来越紧张。他听到熟悉的电梯响声，知道有人上来了。马西米兰屏住了呼吸。过了一会儿，克莱芒丝站在了门口。

53

对不起，这不是爱

你可以误会我，但不能伤害我爱的人。

每次看到马西米兰，克莱芒丝都会在心里打个激灵。多么激动啊！她的老板借口紧急需要春城的文件在周六把她叫到办公室。克莱芒丝一秒钟都没有犹豫，丢下手头的事立刻赴约。我真的变成了不可或缺的人，她骄傲地想道。在工作上他一直如此依赖她。但是克莱芒丝感觉到了，他终于开始不仅仅把她当助理，而是一个女人。她注意到那次晚会的时候，他看着身穿黑色紧身裙的她时那种眼神。他不仅赞扬了她，还第一次吻了她！当然，虽然只是贴面礼……但是，哦，未来是多么值得期待呀！今天这个电话是她等了几年才等来的。马西米兰可能会脱下他作为老板的那套无懈可击的盔甲，终于肯迈出亲密的一步……属于他们的时刻终于到了，一切都会发生天翻地覆的变化。轮到她好好抓住机会了。

她无法抑制浮现在嘴角的笑意，妖妖娆娆地走向他。他应该会注意到她"终极纤体"牛仔裤（她喜欢这样叫）勾勒出的婉转曲线，还有她的"目光捕获器"翘臀吧？

"我马上就帮您找文件。"她带着那种知道自己必不可少的人特有的胜利微笑说道。

她走向自己的工位，感觉马西米兰就紧紧跟在她身后，她下意识地摸了摸头上的发髻，确认没有乱掉。她想到老板可能正在欣赏她脖颈的优美曲线，内心一阵波澜。

走到办公桌前的时候，因为过于激动，她哗啦一下倒空藏钥匙的笔筒。

"在这儿呢！"她欢呼一声，好像自己变了个魔术。

克莱芒丝打开抽屉的时候，发现马西米兰俯身看着抽屉里的东西。她希望他看到里面乱糟糟的东西时不会生气，几个星期前她就想整理一下了，但一直没有时间。马西米兰伸手拿起抽屉里的一个东西。那瓶加拿大血根草。

"喏，这是什么？"他冰棕色的眼睛直直看过来，缓缓问道。

克莱芒丝立刻出了一身冷汗。

"没什么……"她掩饰着恐惧答道。她有点冒失地从马西米兰手里夺回小瓶子。

"那么这是非常私人的东西……"

"是的，非常私人！马西米兰·沃格，没人告诉您不能看一个女人的私人物品吗？"她温柔地责备道，露出一个晶莹却有点尴尬的娇笑。

282

他在玩什么把戏？她不安地想道，胡乱把小瓶子放进自己的口袋。

"告诉我，克莱芒丝……您为什么会有催吐剂？"

这话像是一颗炸弹。克莱芒丝瞬间变得苍白。难道他猜到了？不可能……她小心地审视他的目光。

"我……我不明白您想说什么……"

她神色尴尬，目光躲闪，但躲不掉。她和马西米兰目光相遇，从他的眼神里，她知道他猜到了。她感觉心潮汹涌。否认又有什么用呢？现在，她心里翻涌着不可抑制的向他坦白一切的渴望。因为如果他明白她为什么这样做，可能还有救？不管怎样，从很久之前开始，这些话就像火炭一样烧灼她的嘴唇，不吐不快……她再也不想忍耐——她要说出来！

"哦，马西米兰！我这样做，是因为……我……我爱您！是的，马西米兰！我爱您！我爱您胜过爱任何其他男人！日复一日，年复一年，我一直陪伴您身边。我们是这个公司最好的搭档，您知道的，对吗？您和我……什么也不能阻止我们……"

她多么希望能看穿他的思想，看看这番话起到了怎样的效果呀！马西米兰的表情却没有丝毫变化，但他目不转睛地盯着她。克莱芒丝决定把这种沉默当作鼓励她继续的信号。

"我们一直那么默契，我们之间一直有一种非同一般的联结……这是一个信号，是不是？而且……我看得很清楚，那次晚会，您看我的眼神不一样……"

从那天以后，她基本上可以说是欢欣鼓舞，她以为自己迈出了关键的一步。

"但是，克莱芒丝，这简直是疯了！我从不认为我给过你任何情爱的暗示！"

"您敢说您不觉得我很有魅力！"

"镇定一点，克莱芒丝，我从来没有说过！请坐下！"

他现在开始命令了……再次开始，克莱芒丝觉得他英俊到了冷酷无情的地步。她一直被他强势的性格所吸引，只是有时候不那么坏脾气就更好了。

"你是很美的女人，但这不是一回事！"马西米兰继续说，"您给罗曼下了毒，我的天！就因为你，她现在还像只病猫！"

马西米兰开始在房间里来回踱步，就像被困在狮笼里的狮子。他怒意正盛。

"跟我说清楚，克莱芒丝。罗曼花里的蟑螂，总不会也是你吧？"

克莱芒丝闭口不语。

"你……妈妈的！"马西米兰气得要疯了，"还有……还有……我的轮胎？也是你？"

克莱芒丝突然垂下了头，抽抽噎噎地，泪水顺着脸颊滑下。要怎样为无可争辩的事情辩解呢？当她终于敢抬起头看着马西米兰时，她发现自己的眼泪让他不知所措。这是几年来她第一次把一颗赤裸的心捧到他眼前。

"对不起，对不起。我从没想过要伤害您，我爱您，我那么爱您！"她的眼泪不可抑制地像决了堤一般滚滚而下。

她看到马西米兰走近了她。

"克莱芒丝，克莱芒丝，别哭了。"他放缓语气说，把一只手放在她肩上。

克莱芒丝觉得马西米兰这个动作是原谅她了。她万分感激，激动异常，一下子扑到了他身上亲吻他。

54

瞧我这暴脾气

女人何苦为难女人？我们都是因为爱与恐惧才失去理智。

　　罗曼几乎是跑到了电梯边，试图从脑海里赶走刚才在克莱芒丝办公室看到的那令人惊讶的一幕——马西米兰虔诚的助理像蛇一样缠着他，再清晰不过的画面了。他怎么能这样做？克莱芒丝怎么敢？这个女人正戳中痛处，激活了她不理智的恐惧，她害怕自己只是马西米兰的又一个征服对象……罗曼的心脏抑制不住地狂跳。她的手机响了。是马西米兰。她准备好接电话了吗？不管怎样，她很想听听他会怎样解释。

　　"你想干什么？"她粗声粗气地说道。

　　"罗曼！不是你想的那样！是克莱芒丝，她昏了头了，我要和你解释！你在哪里？"

　　"在下面，接待处这里……"

"别动，我去找你！"

罗曼按下了挂断键，不安地把手机放回背包。

看到克莱芒丝在马西米兰的怀里，把手放在她的男人身上，亲吻他，这让她忍无可忍。在马西米兰的问题上，她会不会全都搞错了？她感到血液在倒流，双手在颤抖，她不耐烦地等着马西米兰的到来，希望他能解释清楚。突然，楼梯间的门打开了。

但不是马西米兰，而是克莱芒丝。

两个女人突然面对面了，都是双眼睁大，瞬间待在了原地。克莱芒丝双眼红肿，充满敌意地爆发了。

"这一切，都是因为您！自从您出现了，您就把什么都搞砸了……"

"搞砸了什么，克莱芒丝？"罗曼沙哑着嗓子道。

"您觉得是什么？我已经认识他几年了！我知道他，知道他的一切，知道他的每一个微笑，每一次痛苦，懂得尊重他的沉默，默默成为他隐在暗处的支柱……您呢，您想突然这样出现，然后从我这里夺走一切？您知不知道多亏了我，你们才能相遇！"

"您简直疯了，克莱芒丝！"

"相信我，我看到那些女人像走马灯一样出现在他的生命里，多您一个并不会让我害怕……"

"我不会让您这样做的。"罗曼打断她的话，压住彻底要跟她撕破脸的冲动。

"是我不会让您把他从我这里偷走！我马上就成功了，马上就可以征服他了，我知道这一点。我们之间的亲密关系是独一无二，无与伦比的，一天比一天更加亲密……我们是天生的一对，这很明显！"

罗曼感到耳朵嗡嗡作响，奇怪的是，她的决心更加不可动摇了。真相突然跳到她的眼前——她愿意不惜一切代价捍卫自己和马西米兰的爱情。

"对不起，克莱芒丝，但您搞错了。马西米兰爱我，我也爱他。我们找到了彼此。您应该接受这一点。"

"不！我不接受！在我全身心地为他付出这么多年后，马西米兰准备好爱我了。而您呢，您把他迷惑了，用您那个该死的课程把他迷住了！你这个……！"

她没能说完这句话。罗曼不可抑制地想让她闭嘴，于是一巴掌扇了上去，克莱芒丝发出一声刺耳的尖叫，她无论如何也想不到罗曼会动手。她的脸瞬间红肿了起来，下意识用手去摸。

哦不！罗曼想道。看来是我的意大利脾气又在起作用了！然而她也感到一种释放，好像这个耳光让她清楚了自己对马西米兰的感情，清楚了她对他的爱有多深。她大大地吸了一口气，看到马西米兰正在向她走来，脸上写满了震惊。那一瞬间，时间好像凝固了，没有人敢动一下、说一句话……是马西米兰率先打破了沉默，把手伸向罗曼的胳膊。

"罗曼……你刚才看到的，不是你想的那样……是克莱芒丝自己抱住我的。我把她叫到办公室是因为我发现了一件严重的事——那天晚会是她给你下了毒！"

罗曼非常震惊，用锐利的目光上下扫视着克莱芒丝。马西米兰接着说：

"克莱芒丝，鉴于这么多年来您一直是一个好员工，我们就不报警了。但是我必须要辞退您。我希望您意识到这个问题的严重性……"

克莱芒丝脸色苍白，一个字也说不出来。她的目光在罗曼和马西米兰之间来回扫视。她明白了。再也无可挽回了。

她转过身去，消失在旋转门后……

罗曼感觉心里酸涩。多么悲伤的故事啊！最近她自己不也成了嫉妒的牺牲品吗？是的，但和克莱芒丝的相比就小巫见大巫了。她完全被嫉妒所控，丧失了最基本的原则。话又说回来……还有什么比一厢情愿更让人悲伤的呢？她发自内心地同情克莱芒丝，可以想象她的痛苦。然后，她走向马西米兰，紧紧抱住他，她知道自己是幸运的。他用充满爱意的目光笼罩住她。

"我急着想跟你解释清楚……你还好吗？没有被气昏头吧？还有，你怎么来了？你不是在家休养吗？"

"爸爸没待太久，我觉得时间过得好慢，就想来找你，给你个惊喜！"

"真是大大的惊喜啊。还是个有点剑拔弩张的惊喜……"

他打趣地看着她。

"告诉我，亲爱的罗曼，您也有雄性症状吧？我从没想过您竟然会扇我的助理一巴掌……"

罗曼有点局促不安，但是马西米兰抬起她的下巴，目光充满温柔。

"但我并没有不喜欢……"

罗曼长长舒了一口气。

"这太疯狂了，这一切……"

　　"是的，但最疯狂的是，我那么疯狂地爱着您，小姐……"
马西米兰俯在她耳边轻轻说。

　　罗曼感觉自己要化了。马西米兰搂住她的腰，带着她向出口
走去。

　　"来！咱们走吧……"

　　"你带我去哪儿？"

　　"惊喜……"

尾声：各得其所

少一点雄性症状，世界就多一分温柔

　　两年 6 个月零 25 天之后，六月一个晴好的下午，罗曼和马西米兰悠闲地漫步在第四街区离巴黎圣母院不远的迷人小路上，头顶的天空蓝得失真，他们感到一种像是逃学出来闲逛的孩子的快乐。罗曼突然想吃华夫饼。这段时间她什么都想吃。大概是孕期症状。马西米兰看着她高兴地咬下一块，情不自禁地俯身过去，充满爱意地去尝她沾了糖霜的芳唇。罗曼像个贪吃的小孩子一样舔着手指。她特别喜欢看他眼中泛起的涟漪。他们一起走到玛丽桥，在上面站着看了会儿塞纳河，水波上反射的点点金光，让河水连同河岸都妩媚非常。马西米兰亲密地揽住她，一点也没有觉得她渐渐变粗的腰身碍事，热烈地吻她的脖颈，直到她放声大笑。她从来没有像现在这样觉得自己充满活力。尤其是今天她送给他一个儿子。

　　"一个小雄性症状！"她做过超声检查从诊所出来时开玩笑说。

他们激动地看到宝宝不可思议的三维图像，已经可以那么真切地看到他了！一张漂亮匀称的小圆脸让他们非常骄傲……

他们又穿过圣路易岛，就像两个鲁滨逊——偌大的世界只有他们两个人。他们没有迷失，而是迷乱，当然是因为爱情，他们漫步在需要慢慢开垦的情感的原始森林里。他们的寻宝图上没有标注藏宝地的叉。他们已经找到了宝藏。

他们坐在一个露天咖啡座上。罗曼回想了一遍自从克莱芒丝疯狂的报复以后，两年半以来走过的路。被辞退以后，马西米兰的助理就从他们的生活中消失了，直到最近，她给他们寄了一封信，一封令人惊讶的信。

克莱芒丝去了普罗旺斯大区，开始做自己的事业。她创办了一个为在爱情中受挫的人疗伤的组织，看起来运行得不错……在信封里，她附上了两个漂亮的幸运手环，是她自己做的。她希望他们有一天可以原谅她做的事，并且希望他们永远幸福。

随着时间的推移，朱莉和马西米兰建立起了比以往更紧密的联结，只有双胞胎才能拥有这样的关系。朱莉在思考了几个星期以后，发现她内心的渴望和肤浅的时尚行业格格不入，于是进行了180度大转变——改行！她就是这样重拾了她最初对动物的热爱，在马西米兰的帮助下，她开始学习动物行为学的课程。

在去雄性症状课程结束几个月后，马西米兰为罗曼办了一场最美的婚礼。他们省略了求婚这一步，因为罗曼已经结过一次婚了，所以觉得这一次没必要那么隆重。婚礼那天，天气很好。所有一起上过课的学员都来参加。连皮特·加德纳，罗曼的前夫都来了，他的新女友陪他一起，这让罗曼很开心，因为皮特终于找到了比她更合适的伴侣，皮特的新女友跟他很合拍，这是罗曼做不到的。罗曼和皮特热情地互相拥抱，发誓要做友情深厚的真诚的朋友。让罗曼想起来就心潮澎湃的，还有她和马西米兰奇特的交换誓言——在他们婚礼的司仪帕特里克面前，他们没有交换戒指，而是交付给对方一个金项坠，形状是两颗心交缠在一起，用一根漂亮的细链穿着。一种联结，而非束缚。他们就是这样看待他俩的结合的。

那些课程的新学员也过得很好：珍妮最后没有再和帕特里克生活在一起。她很喜欢自己独立的新状态，她受到美国一种叫作"LAT"（Living Apart Together，也就是一起分开生活；不住在一个屋檐下，但保持非常亲密的关系，各自住在自己家里，但一起度过有意义的时光，分享最美好的时刻）的潮流的影响，更想和丈夫形成一种新的关系。这是他们保持激情的方式。这当然很有效，因为帕特里克再也不是从前的那个男人了！他减掉了10公斤，每天都像初恋的小伙子那样到心爱的女人面前散发魅力。

布吕诺也发生了很大的改变。首先从他的管理模式就可以看出来了：他的女性团队里气氛已经大变样，他竭尽全力创造出相互信任、相互团结的氛围，这在以前是从未有过的。现在，公司的走廊里大家经常提起的是"布吕诺和他有趣的女士们"，一个让领导层赞赏有加的团队，一个和谐与业绩并重的团队……至于他的个人生活，布吕诺也兑现了他的诺言，他选了个日子，打扮成饼干快递员，按响了阿斯特蕾姨妈家的门铃……他还没有找到所爱，但他并不灰心，他相信去除雄性症状后的自己早晚有一天会等到一个可心的人。

埃米莉的儿子托马斯在"明日大厨"节目中崭露头角，巴黎一家著名美食学校已经向他抛出了橄榄枝。一家星级餐厅也在密切关注他的表现，保证他一拿到学位就让他去那里工作。这一切当然让埃米莉非常骄傲，但她也发现最珍贵的莫过于能够和儿子和谐共处带来的幸福。

最后是娜塔莉，她也重新找到了一份内部联络的工作，把她在课程中学到的都应用到融入新团队中，她成功地成为最受欢迎的人，尤其因为……她善于倾听！她是真心喜欢马西米兰的，花了很长一段时间才抹去自己的沮丧。有一次参加新朋友组织的戏剧之夜，她认识了一个高谈阔论、神情高傲的喜剧演员。演出过后，他们在一个小酒馆里用诗歌比拼了一番口才，在那之后，娜塔莉才终于找到了那个可以互诉衷肠的人。

马西米兰也信守了他对阿齐兹的诺言，他经常去看他，陪他度过了许多愉快的时光。马西米兰清楚地意识到，快乐别人可以快乐自己。他们之间已经建立起了很美好的联结，马西米兰也意想不到地从中弥补了自己身上欠缺的父爱。

至于毛线球，她最终赢得了马西米兰的心。当然，罗曼在的时候，商人会做出一副很嫌弃它的样子，但罗曼经常看到他一有机会就会去摸摸它……

婚礼过后，罗曼很快就搬到了马西米兰宽敞的公寓，每个周末都在忙着把公寓装点得更有人情味一点。一个完美的爱巢，她微笑着小口抿着酒，心里这样想道。

罗曼想再要一片柠檬。马西米兰马上给服务生打手势。罗曼很喜欢他这种骑士风度。在旁边的桌子上，一位肥胖的先生抽着雪茄，把恶心的烟圈吐向这边。他孤零零地坐在人群中间。

"不好意思，先生？我的妻子怀孕了……能不能劳驾您不要把烟圈吐到这边？"

那个男人耸了耸肩，眼神里毫无尊重。

"咖啡座很大啊，你们只要坐到其他地方去就行了。"他冷酷地回答道。

然后他就继续自顾自地吞云吐雾了。罗曼感觉到马西米兰要爆发了，她温柔地按住他的小臂，让他平静下来。

"走吧，咱们走吧！"她露出一个美丽的微笑，赶走了男人的怒火。

但是，在走之前，她不由地掏出 Q 势公司的一个小册子。虽然她知道不可能让每一个人都改变自己，尤其是像这个人这样，雄性症状如此明显，但她至少应该试一下！每节去雄性症状课程可能都只是大海里的一滴水，但谁又说得准，没准通过蝴蝶效应，她的项目可以让这个世界上少一点雄性症状呢？这就是她不管怎样都想在这位先生的桌子上放一本宣传册的原因。

"考虑一下吧！"她可爱地眨了一只眼睛。

男人看着两个爱人远去的身影，抱怨地咕哝着，扫了一眼小册子。Q 势公司？这是什么蠢东西？

他把小册子揉成一团，随手丢到了街上，纸球跳着华尔兹滚动着。过了一会儿，一个行人捡起了它，读过上面的内容后，悄悄地把它塞进了口袋……

"去雄性症状"指南

去雄性症状解毒剂

　　需要不折不扣地培养的优点和能力：谦虚、宽容、善良、同理心、善于倾听、知轻重、体贴、慷慨、爱、利他主义……

雄性症状（定义）

　　所有慢性或急性的雄性化行为，在生活或工作中对周围的人产生恶劣影响。例如对感情的小伤害；轻易显露出的攻击性；不信任任何人；妄下论断；"三不"批评——不公正、不求证、不恰当，抑制不住地想要施加压力或强词夺理……

▷ 雄性症状的外在信号。一般来讲，程度差异很大，自我膨胀，自恋或自我中心，本能的统治欲和多少有些过分的高人一等的感觉，对权力游戏和较劲的天生热衷，缺乏灵活性或胸怀不开阔，不愿意反思自己。

▷ 雄性症状的十道伤痕。傲慢、评头论足、自我中心、缺乏倾听、自觉高人一等、强烈的统治欲、攻击倾向、缺乏耐心、毫不宽容、缺乏同理心和利他主义精神。

滑稽反射（形成）

你们知道滑稽小丑波索[1]吗？当你们觉得太把自己当回事的时候（这不会有什么好结果），请摸着鼻子说"滑稽"（好像你们戴上了小丑鼻子），这样能让你们想起来要时刻拉开距离审视自己，保持幽默，学会自嘲。

雄性症状笔记（记）

记一本日志，反思你们自己的雄性症状表现，发现它们，找到可能存在的导火索，想想如何能让自己不再被恶劣的雄性症状牵着鼻子走，这些症状不仅对你自己不好，对身边的人也会产生负面影响。

内心教练（创造一个）

当你们觉得对自己充满怀疑、犹疑不决、陷入自责，请在心里创造一个内心教练（给他起一个名字），他是你最好的朋友，亲切的引路人。这个最好的朋友会对你说什么呢？我们知道，帮助别人往往比开解自己更容易。因此，这位内心教练可以让你听到内心的正能量声音（就像是一位母亲、精神导师或者最好的朋友），让你和那些烦心事拉开距离，换一个角度看问题。

沟通（成为沟通界的明珠）

"首饰盒子"技巧：首饰盒子里的五颗珍珠，处理关系的绝妙法宝！

1.首：俯首听，用积极的态度倾听，表现出真诚的同理心。

---

① 美国著名小丑形象。

2. 饰：示理解，接收信息，并表示理解、感同身受。

3. 合：重整合，把对方说的内容用自己的话复述出来，让他觉得自己的诉求得到理解。

4. 皿：奉好言，好言相劝，帮对方找到合适的解决办法，或者折中的方式。

5. 子：子亦师，感谢对方的分享，建立起良性的互动，让你们形成积极的有建设意义的关系。

3个神奇句子：用和缓的方式使事情回到正轨

▷ 神奇句子1：简短凝练地叙述事实。

▷ 神奇句子2：用"我"而不是"你"开头，表达出你的感受，否则说出的话就像是指责，容易遭到反对。

▷ 神奇句子3：表达你的需求和期望。和对方通过妥协达到共识，或者达成让双方都满意的协议。每个人都要获得利益，承担责任。

唱片〔换掉〕

我们的"坏唱片"是那些不好的经历，经常是由童年阴影造成的，这些唱片到我们成年的时候还会不断播放，对我们的生活造成不良影响。"我从未……""我一直很差劲""我做不到……"之类的错误信念，限制我们的思想，不断重复的陈词滥调，反复伤害我们的记忆……发现这些"坏唱片"，努力把它们改造成"yes唱片"，让它播放出积极的有价值的新想法——"我有能力""我可以做到""我有信心"……

光辉普照的自私（实施）

法国有一句谚语："善待身体，让你的灵魂愿意待在里面。"

照顾好自己的身体和精神，是对自己和周围人最大的帮助！你发射出的积极波段能让你和周围的人戴上乐观的光晕。

面对（雄性症状）

面对雄性症状侵犯的 3 种反应：

1. 逃离。对应的情绪是害怕。这对"自我保护"是很有用的。你可以像沸腾的水那样"蒸发"。

2. 反抗。对应的情绪是愤怒。就像一个高压锅，你是压力下沸腾的热水，但是小心爆发式的反应。重点是要健康合理地表达愤怒，不要采用暴力的方式。

3. 压抑。不表达情绪。把情绪压抑在内心，就像把食物焖熟。你会感到窒息。你感觉很痛苦，任由低落的情绪积累。你将愤怒对准了自己，感到悲伤、沮丧……这种状态是最有害的。最好快点从这种状态中走出来。

3种应对雄性症状的方法：

▷ 懂得设置底线。如果你不清楚说明自己的界限，别人是无法尊重你的底线的。所以请事先说好什么对你来说是能够接受的，什么不能。你需要和家人甚至是工作上的伙伴在这些方面达成默契。

▷ 学会说"不"。坚定果决地说"不"，但不要带上攻击性。

　　运用"卡带唱片"技巧：不断重复你的决定，态度可以温和，但要一直说到对方接受为止。例如，"我知道你会不高兴，但站在我的角度上，我不能给你买这个。"

▷ 培养自我认同感。一种方法就是认清自己的优点、成就和快乐的来源，把这些转化成内心的财富！

要做的事：做一条"我是金子"手链

　　用小珠子或小石头做一条幸运手链，让你保持自信。每粒珠子 / 石头都代表你的一个优点，或让你快乐的时刻（跳舞的时候、听音乐的时候、无病无灾的时候），又或是你最值得骄傲的成就。就像念珠一样，每天摸着它们想一想你的优点、你的成就，还有让你快乐的时刻！

阴阳〔平衡〕

　　让自己内心平和的方式是找到自己的阴阳调配比例，这就是著名的阴阳平衡。阴和阳、白昼和黑夜、热和冷……发掘自己女性化的一面可以是把自己过于尖锐的棱角磨平一点，少一点刻薄，多一点同理心和宽容，少一点暴力，多一点平静与温和……

关张〔懂得〕

　　做得太多。工作太多。太执着于某个计划或某项任务是徒劳的，容易让你精疲力竭。最好懂得放下，停下手里的活，花一些时间让自己充充电。

内心频率〔调节〕

就像我们改变收音机的频率，你也可以改变自己内心的频率，建立一个平和、善良、宽容、友好的内在状态。此后，你发射出的电波就必然能改变你与世界的关系。这个新频率会把不同的人和事吸引到你身边，这和吸引力法则不无关系。

感恩〔表达〕

感恩不仅仅是一种礼貌。它可以让那些经常应用它的人情感更健康。每天都对生活给予你的恩惠表达感激（即便是那些已经习以为常的事物——头顶有屋檐遮风挡雨、安静地享用一日三餐、亲近之人的拥抱……）是让你获得幸福感、培养乐观心态最好的方式，这会让所有人受益，头号受益人就是你自己！

乐观的信号〔微笑和眼神中的〕

学会在你的微笑和眼神中加入积极的信号。在日常生活中把它当作礼物送给每一个和你说话的人，感受一下自己内心的善意、仁慈和慷慨，让它们出现在你的眼神和微笑中。通过这样的眼神和微笑告诉他们，你把他当作世上一个独一无二的人，你将发现这样做效果显著。

懂得舍弃

"不惜一切代价"想要，快，马上，有多少要多少。这样的想法经常会导致一些问题，经常带来失望。解药就是——懂得舍弃。第一点，转移注意力。想想其他事情，如果可能做做运动或手工。然后，训练自己平静下来的能力，锻炼自己的耐心——冥想、瑜伽、太极、抛开杂念地走一走或者做些其他项目，可以帮你抚平火爆脾气。

行为准则（给自己一个）

谁不需要一个行为准则来规范自己的行为呢？每一天都试着做到人好、心好、状态好，这是一种能让你和身边的人都快乐的生存哲学。无论你做的事情是大是小，都会起到不错的效果。

去雄性症状榜样

找到你去雄性症状的偶像，那些倡导和平、非暴力、利他主义的人物。读一读他们的传记，印出他们的图像，在某些情况下把自己想象成他们。他们会作何反应？他们会怎么做？他们会怎么说？

细微差别（注意）

告别非黑即白的论断能提高你的情商。这样可以避免走极端，让你变得更加细腻、敏锐。用恰当的语言表达想法。学会自我观察，这样就能及时发现那些走极端、不恰当和不公正的想法。

原谅（学会请求）

学会请求原谅，是一个既给自己，也给他人的礼物。这是一个灵验、勇敢、有益的方法，能修复人与人之间的关系，建立起更加成熟的关系。请求原谅意味着我们能够反思自己，承认错误，主动迁就别人。因此很少有人会拒不回应你的道歉……

自己在宇宙中的位置（重新审视）

想要和自己拉开距离，重新审视事物，没有比记住我们在宇宙中的位置更有效的了——我们只是茫茫宇宙中的一个小点、一粒微尘！我们不是宇宙的中心。正好相反，我们和世间万物都是一样的，都是有联系的。所以我们要为自己的行为负责。

心灵毒药（丢掉）

所有大脑制造出来的消极想法都是心灵毒药。嫉妒、愤怒、妄自菲薄、不良攀比……最能拯救我们的就是意识到这些想法的毒性！如果你发现自己正在被心灵毒药毒害，发现自己正一步一步走向毁灭，你一定会喊停！最基础的工作就是要明白这些想法的来源，这对解毒来说是非常必要的！

生活状态（3个）

▷ 雄性症状状态：觉得自己高高在上，"我更好/我比别人做得更好"；在压力下容易指责别人、妄下论断、中伤诋毁……

▷ 忍受雄性症状状态：觉得自己低人一等；"别人做得比我好"；自我贬损、妄自菲薄、怀疑自己、自我批判……；倾向于默默忍受和处于被动状态。

▷ 健康状态：自我肯定、倾听、对话、尊重，做到了这些就能赢得健康和谐的人际关系！

当下（享受）

把思维关上，把五识打开，这就是训练自己活在当下的方法。和自己相处，关注呼吸，关注自己身上以及周围发生的事情。

别人的眼光（突破）

这对你来说异常重要，对别人来说却没有那么重要。这样，一旦你意识到所有人其实都是"自扫门前雪"，你就可以从容地和别人的评价拉开距离！最后，你越确定自己是什么样的，别人越是能够接受你。怀疑和犹豫反而会造成裂痕，让别人更容易批评你。

责任（承担起自己那部分）

冲突、不和、怨恨之所以产生，经常是因为你把一切罪过都推给别人，不反思自己的责任。如果大家各退一步，承认自己的错误，并为之负责，那么，不和就可以快速消解，就像魔法一样！

猴子（应用三只猴子的智慧）

▷ 第一只捂住耳朵的猴子："非礼勿听。"这里指的是对别人倾诉要以礼相待，给予高质量的倾听，做一个好的听众，把注意力集中在对方身上。

▷ 第二只捂住嘴巴的猴子："非礼勿言。"训练自己用简洁准确的语言表达思想，不要说不恰当或动机不良的话。

▷ 第三只捂住眼睛的猴子："非礼勿视。"小心你的有色眼镜，由此得来的判断、信念、偏见……试着尽量客观地观察现实和周围的人。

太阳（变成别人生命里的太阳）

给予别人爱和有价值的陪伴，这个"别人"可以是一个孩子，也可以是一只动物，甚至可以是一株植物！这就是真正的快乐秘诀之一。

人际关系系统（研究）

试着用大大小小的泡沫球重建你的人际关系网（就像一个太阳系那样，你周围的人是行星）。有没有人占了太大的位置？另一些被忽视或者丢在一边了？你有没有发现不平衡，或是有没有想要改变的地方？

交换座椅

敢于真的站到别人的角度上去看问题，理解他所经历的事情，充分体会他的视角、他的价值观，这就是交换座椅的关键。接纳不同的观点，不要拼命证明自己是对的，接受差异，需要的话谦虚地反躬自省……好处？消除冲突和无效对话，让多种可能性来丰富自己，更加灵活，更加宽容，更富同理心。理解多样性，把它变成优势。

拉斐尔·吉奥尔达诺

作家、创造性和个人成长的专家、画家……创造是拉斐尔人生的主线。毕业于埃蒂安纳高等学校应用艺术专业。在巴黎通讯社工作期间，她培养起了对语言和概念的热情，之后便在艺术领域开辟了自己的天地，在艺术史上留下了自己的痕迹。

在心理学方面，她从很小的时候就有所涉猎，她掌握许多该领域的知识，心理学已经成为她的又一专业。所以她最初的几本书都为个人成长提供了创造性的方法（《酷禅医生的秘密》《我的100% 幸福训练日志》《我决定入禅》……）。

她的第一部小说《你的第二人生始于你明白人生只有一次》，这部小说采用了她非常喜欢的主题——通过改变生活的艺术获得快乐和幸福。《狮子吃素的那一天》是她的第二部小说。

如果你想随时关注拉斐尔·吉奥尔达诺的动态，请搜索 www.raphaellegiordano.com

鸣　谢

非常感谢所有有雄性症状的人，他们离我的生活或近或远，但都为我这个故事提供了灵感，让我思考如何变成一个更好的人……

感谢我深爱的儿子瓦迪姆。感谢他的父亲雷吉斯，我永远的创作伙伴。

感谢我的母亲克洛迪娜，为她这个人，也为她的言传身教。

感谢我的双胞胎姐妹斯特凡妮，为她独特的存在，也为她无条件的支持。

感谢我的出版人斯特凡妮和埃洛迪，他们在我的出版冒险之旅中一直陪伴着我……

感谢瓦尼纳·C.勒纳尔，为她在凤凰牌游戏方面给予我的帮助。